OS INIMIGOS ÍNTIMOS DA DEMOCRACIA

A marca FSC® é a garantia de que a madeira utilizada na fabricação do papel deste livro provém de florestas que foram gerenciadas de maneira ambientalmente correta, socialmente justa e economicamente viável, além de outras fontes de origem controlada.

TZVETAN TODOROV

Os inimigos íntimos da democracia

Tradução
Joana Angélica d'Avila Melo

1ª reimpressão

COMPANHIA DAS LETRAS

Grafia atualizada segundo o Acordo Ortográfico da Língua Portuguesa de 1990, que entrou em vigor no Brasil em 2009.

Título original
Les ennemis intimes de la démocratie

Capa
Rodrigo Maroja

Preparação
Silvana Afram

Revisão
Valquíria Della Pozza
Marise Leal

Dados Internacionais de Catalogação na Publicação (CIP)
(Câmara Brasileira do Livro, SP, Brasil)

Todorov, Tzvetan, 1939 —
Os inimigos íntimos da democracia / Tzvetan Todorov ; tradução Joana Angélica d'Avila Melo. — São Paulo : Companhia das Letras, 2012.

Título original: Les ennemis intimes de la démocratie.
ISBN 978-85-359-2142-7

1. Democracia 2. Política mundial I. Título.

12-07400 CDD-321.8

Índice para catálogo sistemático:
1. Democracia : Ciência política 321.8

[2014]

EDITORA SCHWARCZ S.A.
Rua Bandeira Paulista, 702, cj. 32
04532-002 — São Paulo — SP
Telefone (11) 3707-3500
Fax (11) 3707-3501
www.companhiadasletras.com.br
www.blogdacompanhia.com.br

Sumário

1. O mal-estar na democracia

OS PARADOXOS DA LIBERDADE

A questão da liberdade irrompeu muito cedo em minha vida. Até os meus 24 anos, eu vivia num país de regime totalitário, a Bulgária comunista. É verdade que a primeira coisa da qual todos se queixavam ao meu redor era a penúria, a dificuldade de obter tanto os produtos básicos quanto os pequenos "extras" que dão sabor à existência, quer se trate de alimento, roupas, objetos de toalete ou de mobiliário. A falta de liberdade, porém, vinha imediatamente depois. Os dirigentes do país exerciam controle sobre incontáveis atividades apoiando-se numa miríade de organizações — profissionais, por bairro, por faixa etária —, assim como no aparelho do partido, na polícia e na polícia política denominada Segurança de Estado. Toda a nossa existência era vigiada, o menor desvio em relação à linha imposta corria o risco de ser denunciado. Isso, evidentemente, incluía todos os domínios que podiam ter relação com os princípios políticos proclamados, desde a literatura e as ciências humanas até as instituições públicas. Mas a eles se acrescentavam aspectos mais neutros da existência, sobre os quais era difícil imaginar, em outras circunstâncias, que pudessem assumir uma significação ideológica: a escolha de um local de residência ou de uma profissão, e até de coisas tão aparentemente fúteis quanto as preferências por esta ou aquela roupa. O uso de uma minissaia, de uma calça muito justa (ou, ao contrário, larga demais) era severamente punido. Na primeira vez, isso podia levar você à delegacia policial e lhe valer uns tapas; em caso de reincidência, a um campo de "reeducação", de onde não se podia ter certeza de sair com vida.

Sofria-se dessa ausência de liberdade menos ou mais intensamente, segundo a necessidade que se sentia dela. Eu era então um jovem curioso, morador da capital; estudava letras modernas, preparava-me para uma profissão intelectual, de professor ou de escritor. Claro, a palavra "liberdade" era lícita e até valorizada, mas, como os outros ingredientes da propaganda oficial, servia para dissimular — ou preencher — uma ausência: à falta da coisa, tinha-se a palavra. Aqueles que desejavam participar da vida pública sem se tornarem servos do dogma viam-se levados a praticar uma variante daquela "esquecida arte de escrever" de que fala Leo Strauss, a língua de Esopo: não dizer, mas insinuar — um jogo sutil no qual também se podia sair perdendo. No meu caso, eu era muito sensível à falta de liberdade de expressão, que também corroía aquilo que a fundamenta: a liberdade de pensamento. Eu tinha assistido — em silêncio! — a várias humilhações públicas de pessoas cujo comportamento havia sido considerado excessivamente desviante em relação ao modelo imposto, e esperava conseguir me poupar de tais sessões de "crítica" sem trair minhas convicções.

Ao longo do último ano que passei na Bulgária antes de deixá-la, recém-saído da universidade, dei alguns passos tímidos na vida pública, escrevendo para jornais. Sentia-me particularmente orgulhoso quando tinha a impressão de haver conseguido contornar a censura onipresente. Por ocasião de uma festa nacional, encarregaram-me de preparar uma página dupla em um jornal. Resolvi evocar alguns heróis falecidos da resistência antifascista, que haviam combatido a tirania: personagens de virtudes incontestáveis. O truque consistia em falar do presente sob o pretexto de evocação do passado, em lembrar que é preciso lutar pela liberdade. Este, aliás, foi o título que escolhi para aquelas páginas: "Pela liberdade!". Várias pessoas, me lembro, notaram essa publicação e, compreendendo a alusão ao presente, me felicitaram pela minha esperteza... Tais eram as ridículas vitórias das quais se orgulhava, na época, um jovem autor búlgaro. Em todo caso, a liberdade era para mim o valor mais prezado.

Darei agora um salto de 48 anos à frente, para chegar à Europa de hoje. E para constatar, com uma mescla de perplexidade e inquietação, que a palavra "liberdade" nem sempre é associada a iniciativas que acolhem meu assentimento. De fato, neste início do ano de 2011, o termo parece ter-se tornado um nome de marca dos partidos políticos de extrema direita, nacionalistas e xenófobos: Partido da Liberdade, nos Países Baixos, cujo chefe é Geert Wilders; Partido Austríaco da Liberdade, que Jörg Haider dirigiu até sua morte. A Liga do Norte, de Umberto Bossi, apresenta seus candidatos às eleições italianas sob o nome de Liga do Povo da Liberdade, juntando-se assim ao Povo da Liberdade de Berlusconi. A onda de reações antimuçulmanas e antiafricanas na Alemanha, consecutiva ao sucesso de um livro assinado por Thilo Sarrazin, levou à criação de um partido inspirado nas ideias deste último; seu nome é *Die Freiheit*, a liberdade; o programa anuncia: "Lutar contra a islamização rastejante da Europa". Na Ucrânia, desde 1995 existe um partido nacionalista chamado *Svoboda*, liberdade, que milita contra as influências externas — russa ou ocidental — e contra a presença de estrangeiros. Seu slogan é "A

Ucrânia para os ucranianos". Essa prática persiste desde o fim do século XIX, época em que foi fundado o órgão de imprensa do antissemitismo francês, dirigido por Édouard Drumont, e que se chamava *La libre parole.*

Portanto, num primeiro momento eu tinha acreditado que a liberdade era um dos valores fundamentais da democracia; agora percebo que certo uso da liberdade pode representar um perigo para a democracia. Haveria aí um indício de que, hoje, as ameaças que pesam sobre ela não vêm do exterior, da parte daqueles que se apresentam como seus inimigos, mas sobretudo de dentro, de ideologias, movimentos ou gestos que alegam defender os valores democráticos? Ou de que os valores em questão nem sempre são bons?

INIMIGOS EXTERNOS E INTERNOS

O principal acontecimento político do século XX foi o choque entre o espírito democrático e o espírito totalitário, apresentando-se o segundo como um corretivo dos defeitos do primeiro. Tal conflito, responsável pela Segunda Guerra Mundial, por dezenas, até mesmo por centenas de milhões de mortos e por uma quantidade infinita de sofrimento, concluiu-se com a vitória da democracia. O nazismo foi vencido em 1945, a derrocada do comunismo data de novembro de 1989: o evento que simboliza o desfecho é a queda do Muro de Berlim. A ressurreição da ameaça totalitária não é concebível num futuro próximo. É verdade que vários países mundo afora continuam a invocar a ideologia comunista, mas já não são percebidos como uma ameaça, e sim como anacronismos que não podem sobreviver por muito tempo. O único entre eles que representa uma potência, a China, já não corresponde ao tipo ideal do regime totalitário. Aos olhos dos observadores, ela aparece mais como um híbrido barroco entre retórica comunista, administração centralizada repressiva e uma economia de mercado que permite, e até favorece — coisa inconcebível na época do comunismo soviético ou maoísta —, a abertura para o mundo exterior e o enriquecimento dos indivíduos. É difícil imaginar, para um futuro previsível, uma agressão militar chinesa contra as democracias ocidentais. O fim da Guerra Fria consagrou o desaparecimento da ameaça comunista.

No início do século XXI, graças à ação conjunta de alguns politicólogos influentes e do ataque de 11 de setembro de 2001 contra os Estados Unidos, pôde-se afirmar que um novo inimigo havia ocupado o lugar do antigo, a saber, o islamismo integrista que apela para a guerra santa contra todas as democracias, a começar pelos Estados Unidos. A destruição das torres gêmeas em Nova York por aviões camicases, que provocou a morte de 3 mil pessoas, impressionou todas as mentes e revelou um perigo real. Mas, daí a assemelhá-lo àquele que o império soviético apresentava, há um passo que não se pode dar sem riscos. Ainda que o integrismo islâmico seja uma força que não convém ignorar nos países de maioria muçulmana, a ameaça que sua versão internacional (aquilo que se chama de Al-Qaeda) representa para os países ocidentais não pode ser comparada àquela que o império comunista encarnava: ela exige medidas policiais, e não a movimentação de um exército poderoso. A violência que ela encarna reacende as lembranças da Fração do Exército Vermelho na Alemanha ou das Brigadas Vermelhas na Itália, mais do que as do Exército Vermelho de Stálin.

Se os atos terroristas dessa natureza deixaram uma marca visível nas sociedades democráticas, foi menos pelos prejuízos que lhes infligiram do que pelas reações espetaculares que suscitaram. Os Estados Unidos reagiram a essa hábil provocação à maneira de um touro que investe contra o pano vermelho agitado diante de seus olhos. Pois que proporção se pode estabelecer entre o ataque pontual às torres de Nova York e as guerras do Afeganistão e do Iraque, que duram há anos, que provocaram centenas de milhares de vítimas e abalaram por muito tempo a reputação (e, indiretamente, a segurança) dos Estados Unidos na região? A isso acrescentam-se danos causados ao seu próprio país e aos seus aliados europeus: por exemplo, a aceitação legal da tortura, a discriminação das minorias ou as restrições impostas às liberdades civis.

O terrorismo islâmico (ou jihadismo) não representa um candidato crível para o papel assumido outrora por Moscou. Nenhum modelo de sociedade diferente do regime democrático se apresenta hoje como seu rival; muito pelo contrário, vê-se uma aspiração à democracia se manifestar quase por toda parte onde ela antes estava ausente. Isso não significa que as democracias não devam mais pensar em sua proteção pelas armas: a população mundial não foi repentinamente substituída por uma tribo de anjos, continuam existindo numerosas razões de hostilidade, e mesmo de agressão entre os povos. Mas já não há inimigo global, rival planetário. Em contraposição, a democracia produz, nela mesma, forças que a ameaçam, e a novidade de nossos tempos é que essas forças são superiores àquelas que a atacam de fora. Combatê-las e neutralizá-las é tanto mais difícil quanto mais elas invocam o espírito democrático e possuem, assim, as aparências da legitimidade.

Em si, tal situação — o Mal surgindo do Bem — não tem nada de paradoxal, todos nós conhecemos exemplos disso. No século XX, constatamos que o homem se tornou uma ameaça à sua própria sobrevivência. Graças aos progressos fulgurantes da ciência, ele penetrou o segredo da matéria e tornou-se capaz de transformá-la; mas isso também significa dizer que ele é ameaçado pelas explosões nucleares tanto quanto pelo aquecimento do planeta, pelo efeito estufa tanto quanto pela mutação das espécies, resultado das manipulações genéticas. Contrariamente ao que pensavam nossos antepassados nos séculos XVIII e XIX, adquirimos a convicção de que, não menos que provedora de esperança, a ciência pode ser uma fonte de riscos para nossa sobrevivência. O mesmo ocorre com as inovações tecnológicas, que diminuem nossos esforços físicos mas, frequentemente, empobrecem a vida espiritual: tudo depende do uso que fazemos delas.

Temos orgulho do princípio de igualdade de direitos entre os indivíduos e entre os povos; ao mesmo tempo, bem vemos que, se todos os habitantes da Terra equiparassem seu consumo de bens ao das populações ocidentais, nosso planeta se veria rapidamente desprovido de recursos. Afirmamos, em alto e bom som, que todos os seres humanos têm o mesmo direito à vida, e portanto nos regozijamos com os progressos da medicina preventiva que reduz a mortalidade infantil; no entanto, sabemos que o aumento ilimitado da população terrestre seria uma catástrofe.

Essas situações paradoxais nos são bastante familiares. Um pouco menos conhecido é o fato de a democracia engendrar seus próprios inimigos.

A DEMOCRACIA ESPREITADA PELO DESCOMEDIMENTO

O regime democrático não se define por um traço único, mas por um conjunto de características que se combinam para formar um arranjo complexo, em cujo seio elas se limitam e se equilibram mutuamente, pois, mesmo sem estar em contradição frontal uma com a outra, têm fontes e finalidades diferentes. Se o equilíbrio for rompido, o sinal de alarme deve ser desencadeado.

De saída, a democracia é, no sentido etimológico, um regime no qual o poder pertence ao povo. Em outras palavras, a população inteira escolhe seus representantes, os quais, de maneira soberana, estabelecem as leis e governam o país durante um período de tempo decidido de antemão. Nisso a democracia se distingue das sociedades tradicionais, que dizem se submeter a princípios transmitidos pelos ancestrais, ou das monarquias absolutas dirigidas por um rei de direito divino, nas quais a sucessão dos dirigentes depende do pertencimento à mesma família. O povo, numa democracia, não corresponde a uma substância "natural". Não só quantitativa, mas também qualitativamente, ele é diferente da família, do clã ou da tribo — nos quais o que tem primazia é o vínculo de parentesco —, assim como de toda entidade coletiva definida pela presença de um traço como a raça, a religião ou a língua de origem. Fazem parte do povo todos os que nasceram sobre o mesmo solo, aos quais se acrescentam os que foram aceitos pelos primeiros. No seio de uma democracia, ao menos teoricamente, todos os cidadãos são iguais em direitos, todos os habitantes são iguais em dignidade.

As democracias modernas são ditas liberais quando a esse primeiro princípio fundamental se acrescenta um segundo: o da liberdade dos indivíduos. O povo permanece soberano, qualquer outra escolha equivaleria a submetê-lo a uma força exterior, mas seu poder será restringido: deve deter-se nas fronteiras do indivíduo, que se mantém dono de si. Uma parte da existência deste é da alçada do poder público, outra permanece independente. O desenvolvimento pessoal tornou-se um objetivo legítimo da existência individual. Portanto, não se pode regulamentar a vida em sociedade em nome de um princípio único: o bem-estar da coletividade não coincide com o do indivíduo. A relação que se estabelece entre as duas formas de autonomia — soberania do povo e liberdade da pessoa — é a de uma limitação mútua: o indivíduo não deve impor sua vontade à comunidade, e esta não deve interferir nos assuntos privados de seus cidadãos.

As democracias também se valem de certa concepção da ação política. Também nesse aspecto, tentam evitar dois extremos. Por um lado, à diferença das teocracias e dos regimes totalitários, elas não prometem à sua população a salvação, nem lhe impõem o caminho a seguir para alcançá-la. A construção do paraíso na Terra não faz parte de seu programa; a imperfeição de toda ordem social é considerada como um dado prévio. Mas, por outro lado, as democracias tampouco se confundem com os regimes tradicionalistas e conservadores, nos quais se pensa que nenhuma regra imposta pela tradição deve jamais ser questionada. Elas recusam as atitudes fatalistas de resignação. Essa posição intermediária autoriza interpretações divergentes, mas pode-se dizer que toda democracia implica a ideia de um melhoramento possível da ordem social, de um aperfeiçoamento graças aos esforços da vontade coletiva. Hoje em dia o termo "progresso" é mantido sob suspeita, mas a ideia que ele recobre é inerente ao projeto democrático. E o resultado aí está: os habitantes dos países democráticos, embora frequentemente se mostrem insatisfeitos com sua condição, vivem num mundo mais justo do que aquele dos habitantes dos outros países. Eles são protegidos pelas leis; gozam da solidariedade entre membros da sociedade que beneficia os idosos, os doentes, os desempregados, os miseráveis; podem invocar os princípios de igualdade e de liberdade, e até um espírito de fraternidade.

A democracia se caracteriza não só por um modo de instituição do poder ou pela finalidade de sua ação, mas também pela maneira como o poder é exercido. A palavra-chave aqui é *pluralismo*, pois se considera que os poderes, por mais legítimos que sejam, não devem ser todos confiados às mesmas pessoas nem concentrados nas mesmas instituições. É essencial que o Poder Judiciário não seja submetido ao poder político (no qual estão reunidos o Executivo e o Legislativo) e possa fazer julgamentos com total independência. O mesmo se dá quanto ao poder midiático, o mais recente, que não deve ser posto a serviço do governo, mas permanecer ele mesmo plural. A economia, dependente dos bens privados, conserva sua autonomia perante o poder político; este, por sua vez, não se transforma em simples instrumento a serviço dos interesses econômicos de alguns indivíduos. A vontade do povo também se defronta com um limite de outra natureza: para evitar sofrer os efeitos de uma emoção passageira ou de uma manipulação hábil da opinião pública, ela deve manter-se conforme aos grandes princípios definidos após uma reflexão madura e inscritos na Constituição do país, ou simplesmente herdados da sabedoria dos povos.

Os perigos inerentes à própria ideia democrática surgem quando um dos ingredientes dela é isolado e absolutizado. O que reúne esses diversos perigos é a presença de uma forma de descomedimento. O povo, a liberdade, o progresso são elementos constitutivos da democracia; mas se um deles se emancipa de suas relações com os outros, escapando assim a qualquer tentativa de limitação e erigindo-se em único e absoluto, eles transformam-se em ameaças: populismo, ultraliberalismo, messianismo, enfim, esses inimigos íntimos da democracia.

Aquilo que os antigos gregos denominavam *húbris*, ou descomedimento, era considerado como a pior falha da ação humana: uma vontade ébria de si mesma, um orgulho que persuade quem o sente de que para ele tudo é possível. Seu contrário é considerado como a virtude política por excelência: a moderação, a temperança. Um dos primeiros a falar disso, Heródoto, conta em seu *História* um caso de *húbris* que acarretou consequências catastróficas. O imperador dos persas, Xerxes, queria partir em guerra contra os atenienses a fim de ampliar ainda mais as fronteiras de seu reino e de seu poder. Antes de tomar a decisão final, pediu opinião aos seus conselheiros. Um deles, Artábano, tentou dissuadi-lo de entrar em guerra: "O céu sempre rebaixa tudo o que ultrapassa a medida. Assim é que um grande exército às vezes sucumbe diante de poucos homens, quando o céu, ciumento, pelo pânico ou pelo trovão o faz perecer indignamente; pois não permite que ninguém se orgulhe tanto quanto ele mesmo".[1] O imperador não deu ouvidos a essa opinião sensata; as consequências para ele e para seu país foram efetivamente desastrosas.

Entre os antigos gregos, os deuses punem o orgulho dos homens que desejam colocar-se no lugar deles e que acreditam poder decidir sobre tudo. Quanto aos cristãos, estes são afetados desde antes de seu nascimento por um pecado original que limita severamente toda aspiração humana. Os habitantes dos países democráticos modernos não creem forçosamente nem nos deuses nem no pecado; mas o mesmo papel de freio para suas ambições é exercido pela própria complexidade do tecido social e do regime democrático, pelas exigências múltiplas que este último tem por função reconciliar, pelos interesses divergentes que ele busca satisfazer. O primeiro adversário da democracia é a simplificação que reduz o plural ao único, abrindo assim o caminho para o descomedimento.

Para evocar essas ameaças internas à democracia, provenientes de seus elementos constitutivos — progresso, liberdade, povo —, recorro à minha própria experiência, desde o primeiro terço de minha vida em um país totalitário aos outros dois terços em uma democracia liberal. Tendo-me tornado, no intervalo, historiador das ideias, não pude evitar de ilustrar meu ponto de vista recorrendo a certas páginas do passado; mas essas evocações são rápidas e não pretendem absolutamente substituir análises desenvolvidas alhures, por mim ou por outros. Meus conceitos não têm nada de exaustivo, eu passo por alto por outras ameaças internas à democracia; evoco apenas o que me é familiar. Devo muito a diversos autores citados no texto, mas sobretudo ao meu amigo

François Flahault, cujos conceitos e escritos alimentam minha reflexão há décadas. Meu objetivo, nestas páginas, não é propor remédios ou receitas, mas ajudar a compreender melhor o tempo e o espaço em que vivemos.

2. Uma controvérsia antiga

OS PERSONAGENS

Antes de entrar no cerne do assunto, eu gostaria de evocar um episódio do passado longínquo, pois tenho a esperança de que ele nos ajude a esclarecer o presente.

A história se desenrola quase mil e seiscentos anos atrás, e o lugar inicial da ação é Roma. Durante o século IV, a religião cristã começou a se aproximar do poder político: no início do século, o imperador Constantino se converteu; um de seus sucessores, Teodósio, fez do cristianismo a religião oficial do Império e proibiu os ritos pagãos. Roma tornou-se um local de debates entre os defensores de diferentes interpretações do dogma; entre eles, um pregador altissonante chamado Pelágio, vindo das ilhas britânicas. Nasceu em torno do ano 350, chegou a Roma por volta de 380. Em seus sermões, fustiga os costumes dissolutos dos ricos romanos e pede-lhes que ajam sem demora em favor da própria salvação: obedecer aos preceitos cristãos, renunciar aos prazeres da carne, distribuir suas riquezas aos pobres. Eles têm o próprio destino nas mãos, são responsáveis por todas as suas fraquezas. O ensinamento de Pelágio impressiona os jovens de boa família, os quais formam ao seu redor um círculo de discípulos. Arrependem-se de sua vida anterior, cheia de pecados, e são atraídos pela santidade.

As controvérsias teológicas não são a única preocupação dos romanos. Faz algum tempo, os povos do Norte atacam o Império com um vigor inquietante; em 408, conduzidos por Alarico, os visigodos sitiam a cidade. São repelidos, mas retornam no fim do ano seguinte. Em meio aos dois ataques, os romanos começam a fugir. Entre eles, Pelágio, acompanhado de alguns discípulos: em 409, embarca numa viagem que o levará primeiro a Cartago, província romana no norte da África, e em seguida à vizinha cidade de Hipona, onde solicita um encontro com o bispo cristão, um certo Agostinho.

Agostinho nasceu no norte da África, tem mais ou menos a idade de Pelágio e, como ele, esteve na Itália, onde se converteu ao cristianismo. Alguns anos mais tarde, de volta ao seu país natal, tornou-se padre e depois, em 395, bispo de Hipona. Autor prolífico, que domina tanto a cultura clássica quanto a nova teologia, envolve-se em numerosas controvérsias com pensadores cristãos concorrentes. Bem no final do século, escreveu e publicou um livro profundamente original, as *Confissões*, em que discorre sobre sua vida e sua fé cristã. Pelágio ouviu falar de Agostinho em Roma e não aceita todas as suas ideias. Fica particularmente indignado ao constatar que o bispo não confia em sua própria vontade e prefere entregar-se à vontade de Deus. Agostinho ignora tudo sobre as reticências de Pelágio, mas talvez tenha tido notícia das doutrinas dele, as quais, por sua vez, não aprova. O fato é que rejeita polidamente a proposta de encontro: os dois homens não se verão jamais.

Após um ano, Pelágio deixa o norte da África e dirige-se à

Palestina, onde se reuniram muitos outros refugiados romanos, apaixonados pelas questões de fé. Em torno de Jerusalém, intensificam-se as controvérsias religiosas, das quais Pelágio e seus discípulos participam ativamente. Em 411, um concílio condena a interpretação dada por eles ao cristianismo, o que não impede Pelágio de publicar vários tratados e missivas ao longo dos anos seguintes. Em 415, um sínodo o inocenta de qualquer acusação de heresia. Agostinho é informado do fato e decide entrar também na discussão. Nesse mesmo ano, escreve um tratado antipelagiano, intitulado *A natureza e a graça*; muitos outros textos sobre o assunto aparecerão durante os anos seguintes. A controvérsia pelagiana ocupará Agostinho até sua morte, em 430. É um dos conflitos mais profundos de toda a história do cristianismo, e suas repercussões permanecem vivas entre nós. De que se trata?[1]

PELÁGIO: VONTADE E PERFEIÇÃO

Para Pelágio, o ser humano não pode ser dotado de uma natureza inteiramente má. Sem dúvida, ele não ignora — pois observa isso ao seu redor — que o amor às riquezas é insaciável e que o desejo de honrarias nunca se satisfaz; mas reduzir os homens a tais inclinações seria incorrer em equívoco. O homem não é, ou não é somente, o lobo do homem. Aliás, se o fosse, toda esperança de melhorá-lo seria vã: em que seria possível apoiar-se para tal, como se poderia lhe pedir virtudes contrárias à sua natureza? Esse postulado inicial provém do Livro santo: Deus criou o homem à sua imagem, e Deus é bom. Também dispomos da confirmação empírica disso: quando executamos ações vis, temos consciência de haver agido mal, enrubescemos, sentimos pesar ou vergonha. Essa consciência é própria de todos os seres humanos e está do lado do Bem; é uma espécie de tribunal moral que reside em nós, e não depende das doutrinas em que acreditamos: os pagãos a possuem não menos do que os cristãos. Se quisermos nos aperfeiçoar, o melhor procedimento pedagógico é ressaltar as boas inclinações que nos são inatas.

Entre as disposições positivas de que os homens são dotados, uma merece ser destacada. O Deus do monoteísmo desfrutou de uma liberdade da vontade que lhe permitiu criar, a partir do nada, o mundo e o homem. Ora, ele fabricou este último à sua imagem; portanto o homem, por sua vez, dispõe de uma vontade livre. Pelágio encontra apoio, para sua convicção, num texto bíblico que será frequentemente citado depois, em contextos semelhantes: lê-se na versão grega do *Eclesiástico* (xv, 14) que Deus "criou o homem e o entregou ao poder de sua própria decisão" (o original hebraico diz "de sua própria inclinação"). E, assim como a vontade divina não conhece limites, a vontade humana pode ultrapassar todos os obstáculos. É por dispormos de vontade que podemos dirigir nossos atos e que distinguimos o Bem do Mal. "Nós não podemos fazer nem o Bem nem o Mal sem o exercício de nossa vontade, e temos sempre a liberdade de fazer um dos dois" (*A Demétria*, 8,1).[2] Um ser inteiramente determinado por sua natureza não pode ser objeto de julgamento moral. A dignidade do homem lhe vem de sua capacidade de escolher, e é por essa faculdade deliberativa que ele se distingue dos animais.

Com isso, vê-se abalada a ideia de pecado original. Se todos os membros da espécie humana, não importa o que façam, são pecadores, pelo simples fato de pertencerem à descendência de Adão, um limite se impõe ao seu querer — e, indiretamente, ao de Deus. Pelágio raciocina assim: se o ato que nos pedem não dependesse de nossas capacidades, sua não realização não poderia ser qualificada de pecado. Não se pode reprovar alguém por não ter corrido cem quilômetros em uma hora: isso ultrapassa as possibilidades humanas. Para que se possa qualificar um ato como pecado, é preciso que tivéssemos podido agir de outro modo, e portanto que esse ato resulte de nossa vontade. Se superarmos a dificuldade, será mérito nosso; se fracassarmos, erro nosso. "A fonte do pecado do homem não está na natureza dele, mas em sua vontade" (*A um amigo mais velho*, 1,5). Se pecamos, não é porque *herdamos* o pecado de Adão, mas sim porque *imitamos* o gesto de nosso antepassado: esse pecado não é inato, mas adquirido.

Mesmo que não houvesse razões dogmáticas para rejeitar a existência de tal obstáculo intransponível para nosso aperfeiçoamento, a lógica da educação deveria nos impor essa postura. Se sabemos de antemão estar condenados ao pecado, um grande estímulo da ação desaparece: abandonamos todo esforço, aceitamos nosso destino, resignamo-nos ao mal que fizemos. É precisamente isso que Pelágio critica na doutrina de Agostinho, tal como a leu nas *Confissões*. Todo criminoso poderia pedir que seu crime fosse desculpado sob o pretexto de que sofreu a pressão do pecado original! Se, em contraposição, sabemos que não havia nenhuma fatalidade em nosso ato e que poderíamos ter agido de outra forma, seremos incitados a nos corrigir.

Portanto, o homem pode salvar a si mesmo. Isso não torna completamente inútil a intervenção divina, mas nos leva a circunscrever seu lugar. Uma vez lançado à existência, o indivíduo já não deve esperar receber a graça de Deus para sair de um mau passo eventual: deve contar com suas próprias forças. A graça é indispensável, mas consiste justamente em que Deus, desde o início, dotou o homem de liberdade. Agostinho resumirá mais tarde esse raciocínio dos pelagianos: "Não há necessidade, afirmam eles, da ajuda de Deus para cumprir seus mandamentos, pois que sua graça nos deu uma livre vontade".[3] Em suma, Deus é útil antes e após a vida terrestre do indivíduo: antes, para nos outorgar esse viático precioso, uma consciência capaz de distinguir o Bem e o Mal, e uma vontade que permite buscar um e evitar o outro; depois, no momento do Juízo Final, para distribuir recompensas e castigos. Mas, entre os dois momentos, Deus se retira e observa de longe as contorções humanas, deixa-nos como únicos comandantes a bordo, à mercê de nossas próprias decisões.

Pelágio acredita ser um cristão ortodoxo; contudo, podemos perguntar-nos se sua doutrina ainda tem a ver com a religião ou se não se tornou sobretudo uma regra de vida, uma ética. Já que Deus atribuiu sua graça a todos os membros da espécie humana, não é realmente necessário ser cristão para obter a salvação: existem pagãos virtuosos que a conseguem igualmente bem. A principal qualidade exigida dos humanos não é a submissão — ao dogma ou à Igreja —, mas o autocontrole e a força de caráter; não a humildade, mas a tomada do próprio destino nas mãos, portanto a autonomia. O deus de Pelágio evoca Prometeu, o titã grego que trouxe o fogo para os homens, e que por conseguinte permitiu-lhes controlar suas próprias vidas. Sob esse ponto de vista, Pelágio lembra mais os sábios da Antiguidade — um sábio severo — do que os cristãos obedientes aos seus pastores, submissos à autoridade de uma instituição, a Igreja, enquanto esperam passivamente a graça divina. Mais próximo dos estoicos, nesse sentido, do que dos pregadores pios, ele conta sobretudo com recursos puramente humanos que nos fazem avançar no caminho da salvação: educação, enquadramento social, esforços individuais.

Uma vez que não é afetado por uma insuficiência inata, por um pecado original, o ser humano não encontra nenhum limite em seus esforços por aperfeiçoar-se: o ideal divino não lhe é inacessível. Pelágio convoca, em favor dessa conclusão, uma obra famosa em sua época, *As sentenças*, de Rufino. Nela se lê esta reflexão do autor: "Deus atribuiu aos homens a liberdade de suas próprias escolhas, a fim de que, sem a menor dúvida, vivendo puramente e sem pecado, eles possam tornar-se como Deus". Encontram-se, é verdade, tanto no Antigo quanto no Novo Testamento, frases segundo as quais os homens devem tornar-se como deuses: "Sereis perfeitos como vosso Pai Celeste é perfeito" (Mateus, 5, 48) ou "Está escrito em vossa lei: 'Eu disse: sois deuses'" (João, 10, 34). Mas o sentido dado por Pelágio e Rufino a essa expressão é mais forte. Não se trata apenas de imitar o exemplo divino. No que se refere à gestão de sua própria vida, o homem dispõe de poderes comparáveis aos de Deus, será o criador de seu ser. O que vem à mente, aqui, são antes as palavras da serpente, quando esta incita Eva a provar dos frutos da árvore do Bem e do Mal: "No dia em que deles comerdes, vossos olhos se descerrarão e sereis como deuses" (Gênesis, 3, 5), ou seja, exatamente as palavras que conduzem ao pecado original.

Sendo o objetivo tão sublime, nenhum esforço é excessivo, e tampouco nenhum sacrifício; a recompensa será a glória eterna. Pelágio é um mestre exigente, não aceita as desculpas habituais para a vida relaxada que seus concidadãos levam. O progresso está ao nosso alcance. Deus nos deu o poder para isso, basta acrescentar o querer. A perfeição é acessível aos humanos; portanto, é preciso que estes aspirem a ela. Todos devem submeter-se a certas regras de conduta, mas os que desejam alcançar o Bem são confrontados com exigências mais altas. Pelágio escreve uma longa carta a uma jovem, Demétria, que estava destinada ao casamento, mas decidiu devotar sua vida a Cristo, permanecendo virgem; ele a encoraja sem reservas. Os ricos devem distribuir imediatamente seus bens aos pobres. Os que fracassam, em contraposição, não têm desculpa e receberão os castigos apropriados. Por terem transgredido uma proibição alimentar, Adão e Eva foram condenados a tornar-se mortais; como seria possível escapar a uma dura pena por pecados mais graves? De todo modo, tem-se pouca chance de obter favores sob o pretexto de que o pecado cometido é leve: acreditais, exclama Pelágio, que uns são esperados no inferno por um fogo menos abrasador, e outros por um fogo mais quente? Todos arderão até o fim dos tempos por não terem aproveitado sua oportunidade de tornar-se como deuses.

Pelágio tem uma visão auspiciosa das capacidades humanas, por isso mesmo, situa bem alto o nível de suas exigências. O indivíduo, se fracassar, não tem desculpa; é inútil vituperar Deus, a Providência, a sociedade ou as circunstâncias: ele só pode incriminar a si mesmo, tudo resulta de seu erro pessoal. Se, à sua derrota, acrescentarem-se um sentimento de vergonha ou uma depressão nervosa, serão bem merecidos. Por outro lado, se esse indivíduo não se contenta com esforçar-se por sua própria perfeição, mas também decide que conduzir a ela seus próximos ou seus concidadãos é de sua responsabilidade, podem-se imaginar as consequências: nenhum sacrifício exigido — por eles, dessa vez — será demasiado. Já que alguns se creem semelhantes a deuses, quem poderia criticá-los por submeter os outros, mais fracos do que eles, a fim de conduzi-los pelo mesmo caminho? Não vale a pena o esforço, quando a recompensa é tão grande?

AGOSTINHO: INCONSCIENTE E PECADO ORIGINAL

Bispo de Hipona, Agostinho dedicou sua vida à Igreja. Ao ver que Pelágio não reserva a ela nenhum lugar especial e recomenda aos ricos que distribuam seus bens diretamente aos pobres, em vez de confiá-los aos representantes de Deus na Terra, não pode senão pôr-se em guarda. E é a uma refutação sistemática do pelagianismo que consagrará os últimos anos de sua vida.

De início, Agostinho se opõe à interpretação da psicologia humana, tal como esta sobressai dos escritos de Pelágio. Para este último, o comportamento humano pode ser inteiramente submetido à vontade. Pelágio imagina que o homem é totalmente transparente a si mesmo, perfeitamente acessível à sua consciência e à sua vontade, sem nenhuma distância entre o que ele é e o que quer. Grave erro, retruca Agostinho. Durante anos o autor das *Confissões* perscrutou seu próprio ser e sabe que não é esse o caso. "Há no homem coisas que nem mesmo o espírito do homem, que está dentro dele, conhece" (x, 5).[4] "Não posso compreender inteiramente o que sou. O espírito é, então, estreito demais para abarcar-se a si mesmo?" (x, 8). "Há em mim deploráveis trevas que me furtam a visão de minhas virtualidades profundas" (x, 32). Nem todos os nossos desejos são voluntários, pois não temos acesso ao nosso ser inteiro; portanto, nossa conduta não é efeito unicamente da vontade. Não dominamos as forças que agem dentro de nós. "É da vontade pervertida que nasce a paixão, é da sujeição à paixão que nasce o hábito, e é da não resistência ao hábito que nasce a necessidade" (VIII, 5). O ser que nós somos pode escolher o que quer — mas nós não escolhemos nosso ser, não somos uma criação de nossa vontade. O exemplo central dessas motivações inconscientes dado por Agostinho é a atração que sentimos por uma pessoa, amigo ou amante: não amamos aqueles que escolhemos, mas sim escolhemos aqueles que amamos.

Não sendo dono de si, ignorando a natureza das forças que o dirigem, o ser humano não pode confiar em sua vontade nem exigir desta sua salvação. A liberdade não é uma ilusão, mas nunca somos inteiramente livres; no máximo, podemos estar no caminho da libertação, mais livres hoje do que ontem. O homem nunca se aproximará da liberdade divina.

Na base de nossas pulsões inconscientes encontra-se a verdadeira fonte da impotência humana, que Agostinho chama de pecado original. A noção já está presente nas epístolas de Paulo, mas é de fato Agostinho quem elabora tal doutrina ao longo de sua luta contra Pelágio. O pecado original designa uma carência ou uma fraqueza, própria de todo indivíduo pertencente à espécie humana, e que ele herda ao nascer — portanto, uma tara fundamental, independente tanto de sua vontade quanto de seus esforços para superá-la. Agostinho sugere às vezes que essa tara é a presença, em nós, de desejos ardentes e irreprimíveis, ou concupiscência: libido sexual, gula, cobiça. Mas o pecado original em si, o de Adão e Eva, não resulta de tal desejo: provém da desobediência a uma só proibição, a de experimentar os frutos da árvore do conhecimento. Tendo decidido aprender por si mesmos em que consistem o Bem e o Mal, e tornar-se assim capazes de orientar sua própria existência, os ancestrais da humanidade cometeram um pecado: rejeitaram a obediência e optaram pela autonomia. Assim foi, diz são Paulo, que "a desobediência de um só homem constituiu muitos pecadores" (Romanos, 5, 19). O pecado original é a opção pelo orgulho em detrimento da humildade, a rejeição às autoridades externas e o desejo de ser seu próprio senhor. Ao afirmar que os homens podem salvar-se a si mesmos, Pelágio reitera e glorifica o pecado original. Não é de espantar que Agostinho o combata...

Para este último, são totalmente diferentes os caminhos da salvação. Nenhum homem pode ser libertado apenas por seus esforços. No entanto, a salvação é possível, a impotência do homem não o condena a arder eternamente no inferno; o primeiro passo a ser dado consiste em abraçar a religião cristã. Ao morrer na cruz, Jesus resgatou o gênero humano; ao nos unirmos à Igreja pelo batismo, damos um primeiro passo rumo à salvação. O passo seguinte consiste em submeter nossa conduta aos preceitos da Igreja: o que nos salva é a obediência, e o que nos põe a perder é a aspiração a uma autonomia maior. A força vem da fé, e não da vontade ou da razão. Em suma, não é com a liberdade humana que convém contar para ser salvo, mas com a graça divina, que o ser humano não pode nem provocar nem prever. Os caminhos de Deus são impenetráveis, não basta acumular ações virtuosas para obter a graça. Como o resumirá, séculos mais tarde, uma expressão jansenista: "Deus não nos deve nada" — a salvação não é uma recompensa distribuída aos bons alunos. A iniciativa pessoal é inútil ou nociva; mais vale submeter-se ao dogma, isto é, à tradição. Ao renunciar a deixar-nos guiar por nós mesmos, terminaremos amando o bem que a autoridade nos designa e exercendo nossa liberdade para prosseguir no sentido dos mandamentos recebidos.

O homem é impotente e condenado a permanecer assim: a visão de Agostinho sobre isso é muito menos otimista do que a de Pelágio. Mas, no que se refere às exigências que nos são dirigidas, Agostinho é sensivelmente mais tolerante do que seu rival. É verdade que, como sacerdote e bispo, ele foi levado a frequentar pessoas do povo, enquanto Pelágio só se rodeou de discípulos escolhidos, já envolvidos em uma busca pessoal. Agostinho sabe que todos partem com uma forte desvantagem, estorvados como são pelo pecado original, mas também, com frequência, por circunstâncias desfavoráveis, um ambiente hostil, a própria ignorância. Sendo limitadas as forças deles, e seu saber, sempre incompleto, não convém ser excessivamente severo com suas debilidades. A Igreja cristã acolhe todo mundo, não está reservada apenas às personalidades de elite. Nem todos são capazes de dirigir a si mesmos, ao passo que todos são capazes de obedecer. Para Pelágio, o homem ideal é o adulto, aquele que chegou à plena autonomia. Para Agostinho, os homens são crianças que não sabem que o são ou se dissimulam, porque têm vergonha de suas dependências e fraquezas: são uns bebês nos braços de Deus. Sendo-lhes inacessível a perfeição, seus pecados lhes serão perdoados.

O RESULTADO DO DEBATE

Nas discussões públicas organizadas na época, a argumentação de Agostinho vence a de Pelágio. Em 418, as ideias deste são declaradas heréticas, seus discípulos são condenados, excomungados e expulsos; o próprio rastro de Pelágio se perde, e ele sem dúvida morreu pouco depois. A controvérsia recomeça alguns anos mais tarde, quando um discípulo de Pelágio, Giuliano di Eclano, ataca por sua vez Agostinho, mas o bispo de Hipona se defende eficazmente. Após a morte deste, em 431, um novo concílio condena o pelagianismo firmemente e, espera-se então, definitivamente. A heteronomia, ou a submissão à lei vinda de fora, vence a autonomia, a lei que a pessoa dá a si mesma.

Contudo, podemos perguntar-nos se o verme não permaneceu no fruto. Segundo o Gênesis, primeiro livro da Bíblia, Deus criou o homem à sua imagem (1, 27). Ora, o Deus do monoteísmo tem uma particularidade que o distingue radicalmente dos deuses das religiões pagãs. Ele não encontra um universo já existente, no qual teria introduzido ordem, mas sim é justamente o criador do universo, que é o resultado de um ato livre de sua vontade. O homem de Pelágio assemelha-se a ele bem mais do que o de Agostinho. Aliás, Deus ordena que o homem se comporte como senhor e possuidor da natureza, que submeta o resto do universo à sua vontade: "Multiplicai-vos, preenchei a Terra e submetei-a, dominai os peixes do mar, as aves dos céus e todo ser vivo que se mova sobre a Terra!" (1, 28; uma recomendação bem pouco ecológica...). E Deus age sozinho, sem interação com seus semelhantes (uma vez que não os tem); portanto, o homem está igualmente destinado a fazer isso, sem preocupar-se com seu ambiente humano nem com a sociedade que o forma.

Hoje, tendemos a pensar que foi antes o homem a criar Deus à sua imagem. Aquele dos Evangelhos ainda mais do que o do Gênesis, pois, antes mesmo de criar o universo, Deus possui a palavra, nisso assemelhando-se ao homem que, pela potência que a linguagem lhe dá, pode modelar o mundo segundo sua vontade: "No princípio era o Verbo, e o Verbo estava com Deus, e o Verbo era Deus" (João, 1, 1). Mas isso significa que, no momento em que concebeu tais relatos, o homem tinha de si mesmo uma imagem que ele iria atribuir a Deus: a imagem de um ser capaz de fabricar, por um esforço de sua vontade, o mundo que o rodeia. Os pelagianos, quando afirmam que os homens podem tornar-se como Deus, não fazem senão encontrar uma expressão imageada de sua concepção do homem, senhor do próprio destino e do resto do universo. O homem não só cria Deus à sua imagem, mas também quer formar-se à imagem de um criador livre. A autonomia atribuída a Deus é uma primeira forma da autonomia que o homem reivindica para si mesmo. A frase do Gênesis nos faz finalmente compreender, em um espírito bem pelagiano, que o homem cria a si mesmo e que sua vontade não conhece limites. Por isso é que, apesar da vitória dos agostinianos, o debate entre eles e os pelagianos nunca poderá acabar: a religião pede aos homens *tanto* que se submetam a Deus (e aos seus servidores na Terra, portanto à Igreja) *quanto* que busquem assemelhar-se a Deus, isto é, comportar-se como sujeitos livres e voluntários que modelam seu próprio destino.

Não é aqui o lugar de recapitular esse debate, um dos mais importantes da história cristã. Basta mencionar alguns nomes entre os que participaram dele. O dogma oficial da Igreja permanece aquele que Agostinho lhe legou, mas, ao longo da história do cristianismo, será necessário combater os espíritos desviantes, os que atribuem um papel excessivamente ativo ao indivíduo. Eles serão suspeitos de estar contaminados pela heresia pelagiana ou, pelo menos, "semipelagiana". Os cristãos "fundamentalistas" se levantarão contra este desvio. Para Lutero, é inconcebível que o homem possa garantir sua salvação por meio de seus próprios esforços. É contra essa interpretação do dogma que se levantarão os jansenistas; e, quando Pascal vier a descrever o homem de após a queda, poderemos ouvir em suas palavras as críticas dirigidas aos pelagianos: o homem, diz o Deus que ele faz falar, "quis tornar-se centro de si mesmo e independente do meu socorro. Subtraiu-se à minha dominação e, já que ele se igualou a mim pelo desejo de encontrar sua felicidade em si mesmo, eu o abandonei à sua sorte".[5] Calvino, como demonstrou Louis Dumont, realizou uma síntese singular entre os dois pontos de vista. Ao introduzir o indivíduo com seus valores no mundo social, ao interpretar sua submissão à graça divina como um ato de vontade, o homem se forma à imagem de Deus. Nesse sentido, Calvino seria o fundador do prometeísmo moderno.[6]

Paralelamente, a partir da Renascença, os autores profanos se empenharão na defesa das capacidades humanas, razão pela qual serão chamados de humanistas. Entre esses adversários do pessimismo agostiniano quanto à natureza humana, encontramos por exemplo Pico della Mirandola, cujo pensamento vai ao encontro do de Pelágio, embora não se refira a ele: seu Deus dirige ao homem um discurso muito diferente daquele elaborado por Pascal. "Dotado, por assim dizer, do poder arbitral e honorífico de te modelares e de te plasmares por conta própria, [deves] dar a ti mesmo a forma que tiver tua preferência." Alguns anos mais tarde, no início do século XVI, Erasmo, que conhece Pelágio mas deve diferençar-se dele, afirma ainda assim que "Deus criou o livre-arbítrio" e acrescenta: "De que serviria o homem, se Deus agisse nele como o oleiro na argila?". Montaigne, no fim do século, apreciará "nossa escolha e liberdade voluntária" e a alma que sabe "escolher e discernir por si mesma".[7]

No século seguinte, Descartes fará o elogio do livre-arbítrio, "pois somente pelas ações que dependem desse livre-arbítrio podemos ser com razão louvados ou criticados; e ele nos torna de algum modo semelhantes a Deus, fazendo-nos senhores de nós mesmos".[8] Ao mesmo tempo, ele pensará que o mundo é totalmente cognoscível, abrindo com isso o caminho à ciência e à técnica modernas. Essa fé no homem capaz de dirigir seu destino se espalhará entre seus sucessores, e assim é que, na segunda metade do século XVIII, um historiador e filólogo alemão, Johann Salomo Semler, tomará publicamente, pela primeira vez, o partido de Pelágio contra o de Agostinho.

O pensamento iluminista se aproximará, por sua vez, das teses pelagianas; mas convém lembrar de saída que esse pensamento não forma um conjunto homogêneo. Aquilo que designamos como "as Luzes" não é uma doutrina racional e coerente, na qual as consequências decorrem rigorosamente de princípios aceitos por todos; corresponde mais a um vasto debate em que se elaboram proposições contraditórias ou complementares, herdadas do passado ou recém-formuladas — debate que, por toda parte, aproveita a circulação acelerada das ideias, tanto entre indivíduos quanto entre países. Voltaire ataca Rousseau, que critica Diderot — os três, no entanto, participam do pensamento iluminista. Quando evocamos esse pensamento, somos sempre obrigados a fazer escolhas.

No que se refere à questão da natureza humana e do poder da vontade, os maiores representantes do pensamento humanista na França ocupam uma posição que não se deixa reduzir a nenhuma das duas doutrinas vindas da Antiguidade (as quais, contudo, eles não ignoram). É verdade que, como Pelágio, eles não recomendam a submissão total às autoridades públicas, aos valores oriundos da tradição ou aos supostos desígnios da Providência, e acreditam que o indivíduo pode aperfeiçoar-se, assim como pode aperfeiçoar a sociedade em que vive. Em vez de contar unicamente com sua predestinação, ele deve contribuir por si mesmo para sua salvação. Tais pensadores, portanto, estão do lado da autonomia. É da natureza dos homens, escreverá Montesquieu no início de *O espírito das leis*, "que eles ajam por si mesmos", antes de acrescentar: "Todo homem de quem se supõe ter uma alma livre deve ser governado por si mesmo".[9] Recordemos que Rousseau abre seu *Contrato social* lamentando ver por toda parte o homem sob grilhões, embora tenha nascido livre, traço que, para ele, faz parte de nossa própria condição: "Renunciar à sua liberdade é renunciar à sua qualidade de homem". Em oposição aos cristãos tradicionalistas, Rousseau não acha que, para entrar no paraíso, basta receber o batismo, conformar-se aos rituais da Igreja e esperar a graça. "Penso, ao contrário, que o essencial da religião consiste na prática, que não só é preciso ser homem de bem, misericordioso, humano, caritativo; mas que quem é verdadeiramente assim acredita nisso o suficiente para ser salvo."[10] As obras humanas, mais do que a graça divina, decidem quanto à salvação.

Ao mesmo tempo, por sua concepção antropológica, esses autores estão mais próximos de Agostinho do que de Pelágio. Consideram que o ser humano é estorvado por obstáculos interiores que ele tem grande dificuldade de transpor; não acreditam no progresso linear nem na possibilidade, para os homens, de atingir a perfeição: não se pode extirpar definitivamente o mal.

Montesquieu mostra que os homens tendem a tornar-se cegos sobre si mesmos e são tomados por pulsões que eles não sabem controlar. "É uma experiência eterna, a de que todo homem que tem poder é levado a abusar dele."[11] Essa tentação onipresente não pesa menos do que o pecado original, e aliás está ligada a ele: trata-se sempre dos perigos de uma confiança ilimitada em suas próprias capacidades. Montesquieu tem outra razão para reservar um lugar especial à moderação, em sua concepção do mundo humano. Acredita nos valores universais e, portanto, na possibilidade de julgamentos transculturais, visto que sua tipologia dos regimes políticos não depende das circunstâncias da existência deles; pode, assim, condenar o despotismo em toda parte e considerá-lo como a encarnação de um "governo monstruoso". Sabe, porém, que os costumes dos diferentes povos são infinitamente variáveis e não podem ser avaliados por um só critério. Consequentemente, pede que aceitemos essa pluralidade das sociedades e temperemos nosso zelo reformador: por mais que os julgamentos sejam universais, a ação deve adaptar-se a cada caso em particular. A tarefa da política é reconciliar os interesses divergentes dos diferentes elementos da sociedade, propondo compromissos razoáveis para uns e para outros; seus objetivos são relativos, não absolutos.

Segundo Rousseau, o mesmo papel de freio a toda ambição desmesurada é exercido pelo fato de que os homens vivem necessariamente uns com os outros. Contrariamente àquilo que uma imagem difundida de sua doutrina faz pensar, Rousseau não concebe o ser humano isoladamente: a solidão existencial, isto é, a indiferença ao olhar que os outros lançam sobre nós, concerne ao antepassado animal do homem, aquele anterior à hominização. A "vocação do gênero humano", como ele a denomina, consiste em viver em sociedade: "Ele [o homem] não passaria de uma besta se não tivesse recebido nada de outrem". Lamentavelmente, esse estado, graças ao qual os homens se tornaram plenamente humanos, "inspira em todos os homens uma negra tendência a prejudicarem-se mutuamente". Nunca podemos esperar livrar-nos desse traço, e, aliás, não seria conveniente: nisso perderíamos nossa humanidade. Rousseau vê nessa dualidade o caráter fundamental da condição humana, que ele descreve com esta frase: "O Bem e o Mal brotam da mesma fonte", a saber, a sociabilidade, o fato de dependermos inevitavelmente dos outros.[12] Ele bem sabe, igualmente, que os melhoramentos em um plano se pagam com regressões em outros, que os esforços da vontade não são automaticamente recompensados. "Os progressos ulteriores foram, em aparência, outros tantos passos rumo à perfeição do indivíduo, mas, na verdade, rumo à decrepitude da espécie."

Numa palavra, nem Montesquieu nem Rousseau pensam que

o homem pode ser inteiramente conhecido por sua razão e submetido por sua vontade. Segue-se daí que, aos olhos desses pensadores, todo sonho de perfeição, à maneira de Pelágio, está impedido. Montesquieu condena o despotismo, mas o princípio que ele lhe opõe é a moderação, um equilíbrio dos poderes, e não o reinado da virtude. Convém lembrar isso também no que se refere a Rousseau: o *Contrato social* não descreve uma utopia que será preciso realizar, mas os princípios do direito político que permitem analisar e julgar os Estados existentes. Ao mesmo tempo, tanto um quanto o outro não cessam de reclamar para o homem o direito de decidir livremente sobre sua conduta. Portanto, não se trata em absoluto de negar esse impulso, mas de indicar que ele é sempre limitado, e que esse limite, por sua vez, deve ser respeitado. Na prática, esses pensadores iluministas aceitam a imperfeição do mundo e dos seres, sem com isso renunciar a melhorá-los; contudo, em vez de esperar a graça divina, preferem invocar os humanos para que eles mesmos se encarreguem da tarefa. Optam, portanto, por uma vida mediana, que recusa tanto o fatalismo conservador quanto o sonho de um domínio integral. O humanismo propriamente dito tem a dupla característica de participar simultaneamente do voluntarismo e da moderação: o melhor é possível, mas o Bem está fora do nosso alcance.

3. O messianismo político

> Turim, 17 de setembro de 1863. Durante o jantar, Fiodor Mikhailovitch me diz, olhando uma garotinha que tomava aulas: "Veja, imagine uma menininha como esta, com um velho, e há um Napoleão que chega e diz: 'Massacrem toda a cidade'. Neste mundo, as coisas sempre aconteceram assim."
>
> Apollinaria Souslova, *Mes années d'intimité avec Dostoiévski*. Paris: Gallimard, 1995, p. 64

O MOMENTO REVOLUCIONÁRIO

No fim do século XVIII, a herança pelagiana, revalorizada, sofre na sociedade francesa uma dupla transposição. De um lado, as pessoas se preocupam menos com o destino dos indivíduos e mais com o das sociedades; portanto, menos moral e mais política. Rousseau descreve a necessidade de autonomia do indivíduo, até sonha com a sua autossuficiência; mas, ao mesmo tempo, insiste na necessária soberania do povo, único senhor de seu destino. Montesquieu se interessa pelos regimes políticos e pelas legislações; o pecado original e a salvação individual não fazem parte de suas preocupações. Por outro lado, passa-se progressivamente dos debates eruditos entre teólogos e filósofos às ações políticas e aos discursos dirigidos aos poderosos deste mundo ou à multidão. Os pedidos de autonomia saem das academias e dos salões para descer à rua, o combate já não é conduzido por letrados, mas por homens comprometidos na arena pública. Assim é que se passará das publicações confidenciais à Revolução Francesa.

Nos anos que precedem a sua erupção, a atitude moderada, tal como podemos observá-la na reflexão de Montesquieu (e mesmo na de Rousseau), será submetida a uma forte crítica por parte de outros representantes das Luzes, que introduzem assim uma verdadeira clivagem na herança legada por essa corrente de pensamento. A figura emblemática aqui é Condorcet, que deixou um comentário sobre a obra de Montesquieu. Quanto à questão crucial da legislação apropriada a cada país, ele condena o pluralismo de seu predecessor e aquilo que lhe parece ser o conservadorismo dele. Se, graças à ciência e à razão, foi possível estabelecer quais devem ser as boas leis, por que não as dar a todos os povos? De modo mais geral, encontra-se em Condorcet um otimismo da vontade: num espírito bem pelagiano, ele acredita que, se nos empenharmos suficientemente, poderemos erradicar o Mal da superfície da Terra; que a marcha do progresso continuará infinitamente e que todos os homens serão um dia satisfeitos e desenvolvidos. A fé em um progresso contínuo e ilimitado, de que Condorcet é um dos principais promotores, é uma transposição à humanidade inteira da capacidade de aperfeiçoamento individual, afirmada por Pelágio. Passa-se aqui, no interior das Luzes, daquilo que poderia parecer uma atitude passiva (a de Montesquieu) a um ativismo inflamado.

Essas mudanças de direção nos temas e no local do debate se

somam ao voluntarismo de Condorcet; juntos, esses fatores oferecem um contexto apropriado à impaciência que se apoderou das mentes: portanto, ele terá a simpatia dos agentes da revolução. Aliás, Condorcet virá a ser um deles: como já não lhe basta ser secretário da Academia Francesa, decide passar da reflexão científica e filosófica à ação política, tornando-se, em 1791, um deputado ativo da Assembleia Legislativa.

Ao deslocar-se do campo individual para o da coletividade, e ao libertar-se da moldura religiosa anterior, o projeto pelagiano se radicalizou. Impõe-se então a ideia de que a vontade humana, desde que se torne comum, pode fazer reinar o Bem e trazer salvação a todos; e esse feliz acontecimento não se produzirá no Céu, após nossa morte, mas aqui e agora. Assim é que o voluntarismo se torna messianismo. O messias, no caso, é o povo — uma abstração que permite a certos indivíduos apresentarem-se como sua encarnação. Como os pelagianos, os revolucionários pensam que nenhum obstáculo deve ser apresentado à progressão infinita da humanidade; o pecado original é uma superstição da qual é preciso livrar-se. As sociedades têm um passado, é certo, mas de nenhum modo têm a obrigação de submeter-se às tradições. Uma frase frequentemente citada de Jean-Paul Rabaut Saint-Étienne, deputado da Assembleia Constituinte, ilustra essa atitude: "As pessoas se apoiam na história, mas a história não é nosso código".[1] Isso não significa que nossa conduta deva escapar a qualquer regulamentação, mas que esta deve inspirar-se unicamente nos princípios da razão e da justiça.

O objetivo é produzir uma sociedade nova e um homem novo. Os seres existentes são considerados como uma tábula rasa, matéria informe que um esforço da vontade pode conduzir à perfeição. De repente, a tarefa de tornar todos os homens virtuosos e ao mesmo tempo felizes parece ao alcance da mão. Num primeiro momento, convém dotar-se de boas leis. A França revolucionária consome constituições em ritmo desenfreado. O próprio Condorcet propõe uma: durante o debate público que lhe é consagrado, Saint-Just apresenta seu próprio projeto, no qual reserva um papel maior à Assembleia à qual se dirige. Suas frases merecem ser lembradas: "O legislador comanda o futuro; de nada lhe serve ser fraco; cabe-lhe querer o Bem e perpetuá-lo; cabe-lhe tornar os homens o que deseja que eles sejam".[2] A matéria humana maleável é entregue às mãos do legislador, isto é, aos membros da Assembleia, ou, mais exatamente, àqueles que os controlam. Conquistado o Bem, naturalmente será preciso empenhar-se em "perpetuá-lo". Em outras palavras: o uso da violência não pode parar. À Revolução se seguirá o Terror, e este não decorre de circunstâncias fortuitas, mas da própria estrutura do projeto. Como se trata do Bem supremo, todos os caminhos seguidos para atingi-lo são bons ("de nada serve ser fraco"), e tem-se o direito de destruir os que se opõem a essa intenção. Por isso mesmo, estes se tornaram uma encarnação do Mal: os obstáculos só podem provir de uma má vontade. O passo seguinte será a transformação desse meio em fim: o Terror e as instituições de Estado de que ele necessita absorverão todas as forças do poder, a guilhotina já não pode ser detida (Rabaut Saint-Étienne será uma de suas vítimas e Saint-Just, outra).

Vemos que, embora invoque o ideal de igualdade e de liberdade, o messianismo político tem um objetivo final que lhe é próprio (estabelecer o equivalente do Paraíso na Terra), assim como meios específicos para alcançá-lo (Revolução e Terror). Em sua busca por uma salvação temporal, essa doutrina não reserva nenhum lugar a Deus, mas preserva outros traços da antiga religião, tais como a fé cega nos novos dogmas, o fervor nos atos que lhe são úteis, o proselitismo dos fiéis, ou a transformação de seus partidários caídos em combate em mártires, figuras a adorar como se fossem santos. As tentativas de impor um culto ao Ser supremo e de instituir uma festa para celebrá-lo resultam da mesma tendência. Condorcet, que havia combatido a antiga religião, assusta-se com o resultado ao qual chegou o processo que ele contribuiu para desencadear, aquilo que ele chama de "uma espécie de religião política".[3] A fusão entre poder temporal e poder espiritual sonhada pela Revolução suscitará como reação, alguns anos mais tarde, projetos simétricos de teocracia contrarrevolucionária (o que não era o Estado francês anterior a 1789). O futuro mostrará que Condorcet tinha razão de ter medo.

A PRIMEIRA ONDA: GUERRAS REVOLUCIONÁRIAS E COLONIAIS

Na história europeia, o messianismo político (ou secular) conhecerá várias fases bem distintas. A primeira delas começa logo após 1789.

O período paroxístico da Revolução Francesa é de curta duração; nem a sociedade nem os indivíduos tiveram tempo para transformar-se em profundidade. Mas o projeto se transmite aos seus exércitos, que terão a missão de levá-lo além das fronteiras: a revolução é uma guerra travada em domicílio, a guerra é uma continuação da revolução nos outros países. Pode até ser mais fácil impor o Bem entre os outros do que na própria casa, já que a situação de guerra não permite embaraçar-se com resistências internas. "O povo francês vota a liberdade do mundo", declara Saint-Just. Em 1792, a Convenção já decidira outorgar "fraternidade e socorro a todos os povos que desejarem recuperar sua liberdade".[4] Na prática, isso significa que a ocupação do país alheio pelos soldados franceses é legítima. Os promotores das guerras revolucionárias, em particular o grupo dos girondinos, entre os quais Condorcet, pedem que a fraternidade seja exportada para toda parte, se necessário pela força dos exércitos. Somente dessa maneira se pode atingir este objetivo verdadeiramente superior, a paz perpétua. Condorcet está convencido de que os soldados franceses, portadores dos princípios revolucionários, serão festejados pelos povos estrangeiros. Brissot, outro membro do grupo, declara: "Chegou o momento de outra cruzada, e ela tem um objeto bem mais nobre, bem mais santo [do que as antigas]. É uma cruzada de liberdade universal".[5] Nenhum desses partidários da liberdade irrestrita se pergunta se o fato de decidir assim sobre o futuro dos outros povos não infringe o princípio de igualdade universal, defendido, aliás, por eles.

O fim almejado é tão elevado que não se justifica regatear quanto aos meios: a eliminação dos inimigos torna-se uma peripécia secundária. "O anjo exterminador em nome da liberdade derrubará esses satélites do despotismo", prediz Danton, referindo-se às populações estrangeiras. A destruição do inimigo já não é um inconveniente: torna-se um dever moral. A violência já não é camuflada, mas reivindicada. Carnot, general revolucionário, parte deste postulado: "A guerra é um estado violento. É preciso fazê-la sem piedade". A violência revolucionária suscita, por sua vez, atrocidades contrarrevolucionárias, num crescendo sem fim. É nesse espírito que será conduzida a repressão na Vendeia, no início de 1794. A Revolução está em perigo, o Bem supremo corre o risco de não advir: não convém apiedar-se do destino dos inimigos. As regras de boa conduta são logo esquecidas. "É atroz", escreve um capitão francês que participa das expedições punitivas, "mas a salvação da República o exige imperiosamente" (trata-se do massacre de civis). Outro oficial explica: "É por princípio de humanidade que eu expurgo a terra da liberdade de seus inimigos".[6]

Após sua subida ao poder, Napoleão invocará a mesma ideologia, o que faz com que a França venha a conhecer, e a impor ao resto da Europa, 23 anos de guerras ininterruptas (1792-1815), responsáveis por milhões de vítimas. No plano interno, Napoleão preserva certas conquistas da Revolução e elimina outras; mas, no domínio internacional, escolhe apresentar-se sistematicamente como herdeiro das Luzes e da Revolução, pois conta com a força de atração dos valores delas. Nas palavras de Germaine de Staël, Napoleão é um Robespierre a cavalo. O jornal que ele faz editar durante sua campanha na Itália afirma: "As conquistas de um povo livre melhoram a sorte dos vencidos, diminuem o poder dos reis, aumentam as luzes". Quando os regimentos do Exército napoleônico ocupam a Espanha, o marechal Murat escreve ao seu imperador: "Vossa Majestade é aguardada como o Messias".[7]

A realidade é totalmente diferente: após um breve período, durante o qual a população local fica aliviada por ver seus antigos opressores afastados do poder, vem rapidamente o momento de desilusão; a nova tirania é mais amarga quando exercida por estrangeiros. A violência dos resistentes será correspondente àquela que eles sofrem. Masséna, outro marechal de Napoleão, admite que, por ocasião da repressão na Itália, foram cometidos "excessos que era impossível evitar na licença da vitória". Convém dizer que os insurgentes italianos, por sua vez, não hesitam em assar vivos os suspeitos de simpatias pró-francesas... O mesmo se dá na Espanha, onde será forjado nessa ocasião o termo *guerrilha* para designar as ações de resistência. Os ocupantes são perseguidos com um ódio não menos intenso do que seu próprio desejo de impor o bem: "Que espécie de coisa é um francês? Um ser monstruoso e indefinível, um ser criado pela metade. Não existe ninguém que não tenha o direito de matar esse animal feroz".[8]

Os revolucionários franceses se sentem politicamente superiores aos seus contemporâneos dos outros países europeus; em relação aos países mais distantes, na África, na Ásia ou na América, eles têm a impressão de uma superioridade mais radical, pois colocam a si mesmos no topo da civilização. Todos os povos, escreve Condorcet, devem "aproximar-se um dia do estado de civilização a que chegaram os povos mais esclarecidos, os mais livres, os mais isentos de preconceitos, os franceses e os anglo-americanos". Portanto, deve desaparecer progressivamente "a distância imensa que separa esses povos da servidão dos indianos, da barbárie das tribos africanas, da ignorância dos selvagens". É em nome do ideal de igualdade que Condorcet almeja transformar a vida dessas populações longínquas: arrancá-las à barbárie é seu dever de civilizado. Elas mesmas, contudo, podem não ter consciência do bem que as espera e opor-lhe uma resistência; nesse caso, é preciso coagi-las, pois, como também diz Condorcet, convém "civilizá-las ou fazê-las desaparecer".[9]

Os dirigentes dos países "mais esclarecidos" vão executar os sonhos de Condorcet. A Inglaterra começou a mordiscar a península indiana nos últimos anos do século; Napoleão, por sua vez, decide em 1798 submeter o Egito. No momento do ataque, discursa assim às suas tropas: "Soldados, ireis empreender uma conquista cujos efeitos sobre a civilização e o comércio serão incalculáveis". Obtida a vitória, ele se empenha em modernizar a justiça, as comunicações e a economia; mas, quando a população autóctone tenta recuperar a independência, reprime-a com brutalidade. No Haiti, as notícias da Revolução e as primeiras decisões da Assembleia Nacional encorajam a revolta dos escravos; contudo, em 1801, desembarca na ilha um corpo expedicionário francês, comandado por Leclerc, cunhado de Napoleão. Ele consegue prender o chefe dos insurgentes, Toussaint-Louverture, mas não pode impedir a resistência dos antigos escravos, que querem assumir sua própria direção. Leclerc responde com medidas radicais: "É preciso destruir todos os negros das montanhas, homens e mulheres, preservando somente as crianças com menos de doze anos", escreve a Napoleão, "sem o que a colônia nunca será tranquila".[10]

Napoleão não construirá um império colonial; na França,

essa será a tarefa das gerações seguintes. A conquista da Argélia, iniciada em 1830, termina em 1857; a submissão integral da Índia data de 1858; a partilha da África e do restante da Ásia estará completa no fim do século. A evocação dos princípios revolucionários já não é oportuna, mas a ideia de levar a civilização aos bárbaros, e portanto de espalhar as Luzes por toda parte, continua presente e serve para legitimar tanto as conquistas francesas quanto as inglesas. Jules Ferry, presidente do Conselho de Ministros francês, assim justifica as expedições que empreende: "As raças superiores têm um direito perante as raças inferiores [...], porque existe um dever para elas. Têm o dever de civilizar as raças inferiores".[11] Pouco importa saber se ele mesmo acredita ou não nesse argumento; o essencial é que este último é eficaz: os jovens soldados e, mais tarde, os colonos partem para as colônias com a certeza de servir a uma nobre missão.

Os grandes traços do messianismo político se instalam: programa generoso; divisão assimétrica dos papéis, ou seja, sujeito ativo de um lado e, do outro, beneficiário passivo — cuja opinião não é pedida; recursos militares postos a serviço do projeto.

A SEGUNDA ONDA: O PROJETO COMUNISTA

O deslocamento global do projeto messiânico — do interior para o exterior, da transformação de sua própria sociedade para a guerra de libertação das outras — não impede numerosos adeptos da Revolução de lamentar a brusca suspensão que ela sofreu e de sonhar com sua retomada. Esse movimento se desencadeia logo após o 9 termidor com a Conspiração dos Iguais liderada por Babeuf. "A Revolução Francesa", lê-se no manifesto dos "iguais", "não é senão a precursora de outra revolução, bem maior, bem mais solene, e que será a última."[12] Nessa fórmula, fica bem claro o espírito milenarista — a hora do último combate se aproxima —, agora traduzido num vocabulário comunista. A conspiração fracassará, mas muitos outros visionários tentarão imaginar a continuação e a radicalização da revolução interrompida. Saint-Simon (discípulo de Condorcet) e Fourier, Proudhon e Louis Blanc, Herzen e Bakunin proporão diferentes variantes do socialismo. A versão que conhecerá o sucesso mais duradouro é a que será desenvolvida, a partir dos anos 40 do século XIX, por dois alemães refugiados em Londres, Karl Marx e Friedrich Engels, verdadeiros fundadores do comunismo. Em 1848 aparece em Londres uma brochura escrita por eles e destinada a ter uma prolongada repercussão, o *Manifesto do Partido Comunista*.

Esse livrinho descreve, em termos eloquentes, as condições de vida das classes exploradas, transformadas no equivalente a uma simples mercadoria, e formula o sonho de uma sociedade perfeita, comum a todos os homens. Sua análise das sociedades do passado repousa sobre a hipótese de que o combate é a única forma de interação social que caracteriza a história da humanidade: a questão é quem conquistará o poder e se servirá dele para explorar o outro. Nada é comum a todos os membros de uma sociedade, tudo pertence a um ou ao outro campo em luta. Não existe nenhuma categoria universal: nem moral, nem justiça, nem ideias, nem civilização. Nenhuma religião, nenhuma tradição (como a família, ou ainda a propriedade privada) escapa ao seu pertencimento de classe.

Essa nova fase do messianismo se desenrola numa época de admiração geral pelas conquistas da ciência, ilustradas pela Revolução Industrial contemporânea. Daí nascerá uma doutrina, o cientificismo, que não deve ser confundido com a ciência, e que até mesmo se opõe ao espírito dela. Essa doutrina afirma que o mundo pode ser integralmente conhecido; que, por conseguinte, ele também pode ser transformado segundo um ideal; e que este, em vez de ser livremente escolhido, decorre do próprio conhecimento. Essa visão do mundo será estendida da matéria inerte, objeto da física, à história humana e ao conhecimento da sociedade. Condorcet, em seu *Esboço de um quadro histórico dos progressos do espírito humano*, crê observar um sentido no desenrolar da história: ela conduz ao aperfeiçoamento da espécie humana; por conseguinte, o que advém é na realidade uma encarnação do que deve ser. O fato de os governos repressivos e os padres verem seu poder enfraquecer-se é a prova do avanço inexorável da história: sua marcha nos aproxima necessariamente do Bem. É o que também implica uma frase como "o tribunal da história", sugerindo que a história fundamentaria uma espécie de direito — como se a vitória do mais forte fosse também necessariamente a do mais justo. Uma frase de Hegel tomada de empréstimo a um poema de Schiller resume bem essa concepção: *Die Weltgeschichte ist das Weltgericht* ("A história do mundo é o tribunal do mundo");[13] ela será adotada pelos discípulos de Hegel, entre os quais o jovem Marx. Contudo, a palavra "tribunal" nessa expressão tem tão pouca relação com a justiça quanto a palavra "direito" em "o direito do mais forte" ou a palavra "lei" em "a lei da selva"...

Como todos os messianismos, o comunismo defenderá a ideia de que a história possui uma direção preestabelecida e imutável; ele encontrará nisso a legitimação de sua ação. Reconhece-se aqui o papel reservado à Providência pela religião cristã, só que agora não basta ler os textos sagrados para conhecer a direção da marcha: é preciso estabelecer as leis da história de maneira científica. Por essa razão, os comunistas negam que sua análise e seu projeto repousem sobre hipóteses que poderiam ser submetidas a exame, e não sobre fatos sólidos: "As propostas teóricas dos comunistas", lê-se no *Manifesto do Partido Comunista*, "não são senão a expressão geral das relações efetivas de uma luta de classes que existe."[14] Uma frase de Lênin gravada num monumento a Marx, no centro de Moscou, resume ainda melhor a ideia: "O marxismo é onipotente porque é verdade". É em virtude desse postulado que Marx e Engels serão tão intolerantes com qualquer opinião divergente: esta será atacada não só porque é politicamente inadequada, mas porque é falsa e, portanto, não merece atenção.

O objetivo previsto pela "ciência" marxista é o desaparecimento de toda diferença entre grupos humanos: afortunadamente, pois cada diferença é percebida como fonte de conflito, e em última análise como uma luta mortal. Por isso é preciso abolir a propriedade privada e concentrar todos os instrumentos de produção nas mãos do Estado. Os que resistirem serão eliminados, caso da burguesia, cujos interesses vão em sentido oposto. "A existência da burguesia já não é compatível com a sociedade." Deve-se, portanto, desencadear a "abolição" do proprietário burguês: "Seguramente, essa pessoa deve ser suprimida". Os meios precisos da supressão não são enumerados, mas o *Manifesto* admite que serão necessárias "intervenções despóticas", pois os fins desejados só podem ser "atingidos graças à subversão, pela violência, de toda ordem social do passado".[15] Portanto, a eliminação física da burguesia como classe já está inscrita no programa.

Seja como for, a transformação da sociedade, pretendida pelo *Manifesto*, é tão radical — supressão da propriedade privada, desaparecimento das classes — que é inconcebível realizá-la sem derramamento de sangue.

Portanto, à primeira vista, encontramo-nos aqui em posição diametralmente oposta ao voluntarismo pelagiano e revolucionário, uma vez que a ação humana está inteiramente submetida a leis sobre as quais o homem não tem nenhum controle. Contudo, o marxismo não é apenas uma doutrina determinista: é, ao mesmo tempo, um voluntarismo intransigente. A articulação dessas duas características aparentemente contraditórias é explicitada pelo célebre dogma marxista segundo o qual "a existência determina a consciência". A consciência, e portanto a vontade dos indivíduos, está segura de agir no sentido previsto pelas leis da história, porque é o produto desta. O querer secunda necessariamente o ser.

Por várias décadas, os adeptos dessa doutrina levam uma existência marginal, e até clandestina, ou animam grupos e partidos socialistas que devem se acantonar na oposição. Contudo, é durante esse período que Lênin, na Rússia, dá sua contribuição decisiva, segundo a qual uma elite lúcida pode identificar o curso desejável da história (em outros tempos, dir-se-ia: os caminhos da Providência) e, por sua ação combinada, provocar os eventos que se adequam a ele. Sem o dizer, Lênin inverteu o adágio marxista. Agora, cabe à consciência determinar a existência; o voluntarismo sobrepuja o determinismo.[16] Assim, não se levará em conta que, segundo as leis marxistas da história, a revolução deve produzir-se primeiro num país industrializado. A Rússia é um país atrasado e rural, mas dispõe do partido mais combativo, por conseguinte é aqui que a revolução mundial deve começar. Doravante o combate já não será conduzido pelos próprios proletários, mas pelo partido, composto de revolucionários profissionais oriundos da burguesia e da *intelligentsia*, devotados de corpo e alma à causa. A ditadura do proletariado será indispensável para transformar a sociedade conforme o programa preestabelecido. Essa subversão da doutrina permitirá não mais levar em conta o estado real do país, mas sim substituí-lo por ficções sucessivas, segundo as necessidades do partido em cada etapa da história.

Em 1917, no contexto da Primeira Guerra Mundial, começa uma nova etapa: pela primeira vez, graças ao golpe de Estado bolchevique, o poder espiritual reivindicado pelos primeiros fiéis se vê sustentado pelo poder temporal próprio de um grande Estado, a Rússia. Começa então o período de expansão dessa forma de messianismo, essa tentativa de introduzir a utopia na realidade, que originará uma formação social inédita: o Estado totalitário.

A continuação é conhecida: a ascensão, na Europa, de outra forma de regime totalitário, o nazismo, gerado pelas mesmas causas estruturais que as do comunismo, mas apresentado também como um escudo contra ele, e até como uma arma capaz de destruir essa ameaça. Seu cientificismo já não invoca as leis da história, mas as da biologia, que os nazistas descobrem numa versão do darwinismo social adaptada às suas necessidades. Baseando-se em suas supostas conquistas, eles podem tranquilamente visar ao desaparecimento das "raças inferiores". Seguem-se a cumplicidade entre os dois totalitarismos e mais tarde a guerra impiedosa entre eles, cuja vitória coube à aliança formada pela União Soviética com as democracias ocidentais.

O comunismo suplanta e às vezes combate o messianismo anterior, aquele que se manifestava por guerras imperialistas em nome da liberdade-igualdade-fraternidade e por conquistas coloniais em nome da civilização europeia. No entanto, ambos pertencem ao mesmo "gênero comum", e esse parentesco permite circunscrever melhor a especificidade do utopismo comunista. Em primeiro lugar, o messianismo oriundo da Revolução Francesa se propõe, essencialmente, a levar a salvação aos *outros*: os outros povos europeus, no caso de Napoleão; os habitantes dos outros continentes, durante as guerras coloniais. Já o utopismo comunista, num primeiro momento, é orientado para o interior de cada país, a guerra que deve levar ao seu triunfo é uma guerra civil, entre classes; no plano internacional, ele recomenda a propagação e a generalização dessas guerras civis, e não a submissão de um país por outro (nesse aspecto, a prática soviética trairá a teoria). Em segundo lugar, o messianismo revolucionário se propõe a subjugar e educar os povos que hesitam em abraçar seu credo, mas não a exterminá-los — é um projeto gradual e progressivo. O utopismo comunista, em contraposição, exige o desaparecimento dos adversários — o que é mais fácil de imaginar no contexto de uma guerra civil do que no de uma guerra entre países. Em outras palavras, os órgãos de terror, do tipo Tcheka, e as práticas de extermínio de camadas inteiras da população se tornam possíveis, e até necessários, pelo próprio projeto comunista.

Imaginar um ideal em cujo nome se tenta transformar o real, conceber uma transcendência que permita criticar o mundo existente a fim de melhorá-lo é, sem dúvida, um traço comum a toda a espécie humana; isso não basta para produzir um messianismo. O que o diferencia mais especificamente é a forma assumida pela propensão ao aperfeiçoamento: todos os aspectos da vida de um povo são abrangidos. Não basta modificar as instituições: aspira-se a transformar os próprios seres humanos, e para isso não se hesita em recorrer às armas. O que distingue o projeto totalitário, enfim, é ao mesmo tempo o conteúdo do ideal proposto e a *estratégia* escolhida para impô-lo: controle integral da sociedade, eliminação de categorias inteiras da população.

Por esta última característica, o messianismo totalitário se distingue radicalmente tanto de seu predecessor quanto de seus sucessores, embora todos tenham nascido da mesma matriz: os preceitos pelagianos, resgatados durante o Iluminismo e transformados em programa de ação coletiva. Seja qual for a versão específica do totalitarismo, essa destruição sistemática estará sempre ativa, ao passo que não aparece em outros lugares: é o caso do extermínio dos cúlaques como classe na União Soviética, dos judeus na Alemanha nazista, da burguesia na China de Mao, dos cidadãos no regime comunista de Pol Pot. A isso acrescentam-se os vexames e sofrimentos infligidos ao resto da população, igualmente sem comparação com os sofridos anteriormente. Convém, portanto, manter presentes no espírito tanto os traços comuns quanto as oposições que saltam aos olhos.

Simultaneamente, e de maneira ainda mais forte, o projeto comunista se opõe ao espírito que domina a sociedade de seu tempo. Esta comporta numerosos ingredientes vindos do passado, alguns são até sobreviventes do Antigo Regime; mas sua orientação global, trazida pela Revolução Industrial e pela expansão do comércio, é liberal. Isso significa, entre outras coisas, que o lugar da religião se reduz cada vez mais e que, por conseguinte, a sociedade tende a perder toda relação com um absoluto qualquer. O liberalismo estimula o crescimento pessoal, mas não propõe nenhum novo ideal comum — como se o desenvolvimento fulgurante da tecnologia e o acúmulo de riquezas bastassem para aliviar o desvanecimento da religião. O messianismo comunista virá engolfar-se nesse vazio e encarnará, por sua vez, o absoluto — com a vantagem adicional de anunciar seu futuro triunfo.

Durante um breve período subsequente ao fim da Segunda Guerra Mundial, o messianismo comunista prosseguirá sua expansão. Aureolada pela vitória sobre a Alemanha nazista, a União Soviética estende seu império no Leste Europeu, aumenta sua popularidade no oeste do continente e estimula as revoluções desencadeadas na Ásia (China, Coreia, Vietnã) em nome do mesmo ideal. A partir da morte de Stálin, em 1953, começa o declínio. Alguns anos antes, os Estados Unidos e as outras potências ocidentais haviam detido a expansão do império entrando numa "guerra fria". Na Ásia, os países comunistas decidem emancipar-se da tutela soviética; portanto, surgem conflitos dentro do mesmo campo. Quanto ao Leste Europeu, as esperanças messiânicas desabam ante a realidade dos regimes comunistas, e somente a vigilância, acompanhada por uma repressão sistemática, permite garantir a perenidade deles.

Eu vivi sob esse regime durante vinte anos. O que se gravou mais profundamente em minha memória não foram os mil e um inconvenientes da vida cotidiana, nem sequer a vigilância constante e a falta de liberdade. Conservei dele, mais do que tudo, a consciência aguda deste paradoxo: todo aquele mal era realizado em nome do bem, era justificado por um objetivo apresentado como sublime.

A TERCEIRA ONDA: IMPOR A DEMOCRACIA PELAS BOMBAS

Desde a queda do império comunista na Europa, nos anos 1989-91, assiste-se a uma nova forma, a terceira, de messianismo político — e que é a primeira a corresponder às democracias modernas. Ela se opõe, sob vários aspectos, aos projetos totalitários que a precederam, mas conserva semelhanças com a primeira onda, a das guerras revolucionárias e coloniais. Essa política consiste em impor o regime democrático e os direitos humanos pela força — um movimento que, no entanto, gera uma ameaça interna para os próprios países democráticos.

Os Estados ocidentais que encarnam esse projeto apresentam-no como uma concretização da democracia e de modo algum como um afastamento dos princípios dela, à semelhança do que o projeto comunista pretendia ser. No entanto, pode-se observar também certa continuidade entre o messianismo da segunda e o da terceira onda, ainda mais evidenciada pela proximidade dos atores do movimento aqui e lá. Às vezes essa educação leva o tempo de uma geração. Assim, vários "neoconservadores" americanos (um termo enganoso, pois não se trata de conservadores), ideólogos da intervenção militar legitimada pela defesa dos direitos humanos, são crias de antigos comunistas, tornados nesse ínterim antiestalinistas convictos (numa perspectiva inicialmente trotskista revolucionária e depois democrática). Na França, esses indivíduos percorrerão às vezes as três etapas: adeptos da religião comunista antes ou após 1968, com frequência numa de suas variantes de extrema esquerda, tornaram-se radicalmente anticomunistas e antitotalitários alguns anos mais tarde, em consequência da difusão de informações mais amplas sobre a realidade do gulag (denominaram-se então "novos filósofos"), antes de aparecerem, nestes últimos anos, como partidários da guerra "democrática" ou "humanitária" no Iraque, no Afeganistão ou na Líbia. Nos países do Leste Europeu, encontra-se essa mesma continuidade (não em todos, claro). O percurso típico seria o do jovem comunista "idealista" dos primórdios (fase I), o qual, decepcionado pela realidade dissimulada por trás dos slogans, transforma-se em dissidente corajoso (fase II) para tornar-se, após a queda do regime, um empolgado paladino das "bombas humanitárias" lançadas sobre Belgrado durante a Guerra do Kosovo, ou da defesa do Ocidente durante as Guerras do Iraque ou do Afeganistão (fase III).

A primeira manifestação dessa nova forma de messianismo foi a intervenção da OTAN, órgão militar dos países ocidentais, no conflito que em 1999, na Iugoslávia, opôs o poder central de Belgrado à província albanófona do Kosovo. Não foi por acaso que a confrontação ocorreu após o fim da Guerra Fria: a União Soviética já não estava lá para impedi-la. Os países ocidentais que a iniciaram tampouco buscaram obter a autorização de organismos internacionais, como a ONU, a qual de todo modo não dispõe de um braço armado próprio. Tal intervenção se baseou numa doutrina formulada nessa mesma época, depois do genocídio ruandês de 1994, em vários países ocidentais, especialmente na França: o "direito de ingerência". Adotar essa doutrina corresponde a afirmar que, se num país acontecem violações dos direitos humanos, os outros países do globo têm o direito de introduzir-se lá pela força, a fim de proteger as vítimas e impedir os agressores de agir.

Na Iugoslávia, a aplicação desse princípio revelou várias dificuldades inerentes à doutrina. A primeira concerne às incertezas da informação: cada uma das duas forças que se opõem tem interesse em inflar o número das vítimas que sofreu e em dissimular suas próprias agressões (a manipulação dos dados é uma tentação compartilhada). Nesse aspecto, a minoria albanófona foi mais eficaz do que a maioria sérvia. Uma segunda dificuldade provém da aplicação forçosamente seletiva do princípio: lamentavelmente as violações dos direitos humanos são muito numerosas, intervir por toda parte é impossível, então escolhemos poupar nossos amigos políticos e lançar as forças contra os que fazem uma política contrária aos nossos interesses. Com isso, a imparcialidade da escolha deixa de existir. A terceira dificuldade decorre da própria forma da ingerência, a guerra com suas consequências inevitáveis: bombardeios, destruição do país e de seus habitantes, sofrimentos incontáveis. Para salvar dez inocentes, tem-se o direito de matar outros cem?

Não entrarei aqui nos detalhes desse episódio da história recente.[17] Lembro apenas que a intervenção da OTAN na Iugoslávia terminou — não é de surpreender — com a vitória militar da Aliança; o Kosovo adquiriu independência política sem tornar-se inteiramente um Estado de direito e permanece nas mãos de grupos mafiosos; a discriminação étnica, de que os albanófonos eram vítimas por parte dos sérvios, é exercida agora contra a minoria sérvia por parte dos kosovares... Seria difícil afirmar que, após a intervenção, a democracia deu um grande passo à frente nessa região.

A GUERRA DO IRAQUE

A expressão "direito de ingerência" não foi utilizada durante a manifestação seguinte do novo messianismo político, a saber, a guerra no Iraque, conduzida por uma coalizão de países dirigida pelos Estados Unidos, os quais novamente se dispensaram de uma resolução por parte da ONU. Para o desencadeamento das operações, em 2003, o pretexto, que em seguida se revelou inteiramente falacioso, era a suposta existência, no Iraque, de "armas de destruição em massa". Contudo, o espírito de ingerência em nome do Bem estava totalmente presente. Encontra-se sua marca em um documento que expõe a doutrina militar dos Estados Unidos, publicado pela Casa Branca, então sob a presidência de George W. Bush, alguns meses antes da invasão, e intitulado "A estratégia de segurança nacional dos Estados Unidos da América".

De início identificam-se nele alguns valores centrais, "a liberdade, a democracia e a livre empresa", e o governo estadunidense se declara encarregado de uma missão: impor esses valores pela superfície do globo, se necessário pela força. Ao obter a vitória, ele transformará para melhor o destino dos homens. "Hoje a humanidade tem nas mãos a oportunidade de garantir o triunfo da liberdade sobre seus inimigos. Os Estados Unidos se orgulham da responsabilidade que lhes cabe no sentido de conduzir essa importante missão." As conclusões que o documento extrai daí são claras: "Agiremos efetivamente", prossegue ele, "para levar a esperança da democracia, do desenvolvimento, do livre mercado e do livre-comércio a cada canto do mundo". Mais uma vez, o objetivo elevado justifica o recurso a qualquer meio, especialmente à guerra.

Ainda que persiga nobres ideais, esse programa é assustador. Ele reata com as formas anteriores do messianismo político, promessas comunistas e projetos coloniais, que faziam reluzir sedutoramente o advento da liberdade e da igualdade, da fraternidade e da dignidade, envolvendo-se ao mesmo tempo em ações militares. Até lembra as tentativas mais antigas de conquista em nome do Bem, que invocavam uma justificação religiosa, tais como as cruzadas da Idade Média — termo que, aliás, foi reutilizado nessa ocasião. A cada vez, os protagonistas de tais atos podiam estar sinceramente convencidos da superioridade de sua causa; nem por isso deixavam de levar sangue e lágrimas ao resto do mundo.

Por que é perigoso o projeto de impor o Bem? Supondo-se que se conheça a sua natureza, seria preciso declarar guerra a todos os que não compartilham do mesmo ideal, e eles ameaçam ser numerosos. Como escrevia Charles Péguy no início do século XX: "Na Declaração dos Direitos Humanos há o suficiente para fazer guerra a todo o mundo, durante a duração de todo o mundo"![18] Vítimas incontáveis seriam necessárias para alcançar o futuro radioso. Mas a natureza desse ideal também é problemática. Basta dizer "liberdade" para ficarmos todos de acordo? Não sabemos que os tiranos do passado invocavam regularmente a liberdade? Além disso, pode-se clamar, como faz o documento presidencial americano, negligenciando milênios de história humana, que "esses valores de liberdade são justos e verdadeiros para toda pessoa, em toda sociedade"? Somos verdadeiramente a favor de toda liberdade, incondicionalmente, inclusive, como se diz, a da raposa no galinheiro? E o que vem fazer a "livre empresa" entre os valores universais, deve-se travar guerra contra todos os países que praticam uma economia estatizada? Quanto à "democracia" e à igual dignidade de todos os membros do gênero humano que ela implica, será que ainda a estamos praticando quando impedimos os outros povos de escolher por eles mesmos seu destino?

Acreditar-se investido (por si mesmo) de uma "missão" que consiste em fazer triunfar "a liberdade sobre seus inimigos" revela uma singular concepção do mundo, a qual, diga-se de passagem, não corresponde nem à tradição cristã nem à do humanismo laico. De fato, uma e outra postulam a imperfeição irredutível do mundo humano e a impossibilidade de princípio de chegar a um triunfo qualquer: somente as heresias milenaristas e as utopias revolucionárias alimentaram tal esperança. "A liberdade" nunca triunfará definitivamente sobre "seus inimigos": é o próprio ser humano que refreia suas pulsões de liberdade, e tem razão de fazê-lo: para produzir esse outro mundo, seria preciso mudar antes de espécie. Convém acrescentar que a ambição messiânica de instaurar uma ordem harmoniosa no mundo revelou-se pouco depois uma simples arma retórica não acompanhada de efeitos práticos; mas foi substituída por uma visão não menos messiânica, embora de alcance nacional mais do que universal: a de impor a vontade dos Estados Unidos sobre o resto do planeta.

Iniciada em 2003, a ocupação do Iraque continua em 2011: já é a guerra mais longa da história dos Estados Unidos. Nesse ínterim, caiu uma ditadura, a de Saddam Hussein — mas a que preço? As vítimas, muito numerosas, repartem-se desigualmente entre os dois beligerantes: cerca de 4 500 mortos do lado americano; do lado iraquiano não dispomos de um número preciso, mas, para dar uma ordem de grandeza, podemos adiantar o total de 450 mil vítimas, ou seja, uma proporção de cem para um. O país continua atormentado por ataques terroristas e por vivas tensões entre comunidades. A ideia de guerra preventiva, decidida com base unicamente na presunção de uma agressão possível por parte de um país estrangeiro, fez sua aparição no discurso oficial das nações democráticas.[19]

DANOS INTERNOS: A TORTURA

O Exército americano se comprometeu gravemente na gestão da ocupação, generalizando a tortura nas prisões iraquianas. A de Abu Ghraib tornou-se célebre no mundo inteiro após a divulgação, em 2004, de fotos que mostravam os prisioneiros iraquianos supliciados; mas houve outras prisões semelhantes, no Iraque ou em outros lugares. Investigações ulteriores confirmaram a extensão dessa prática e seu caráter sistemático. Assim, uma publicação oficial do governo americano, datada de abril de 2009, revelou a regulamentação inacreditavelmente minuciosa da tortura, formulada nos manuais da CIA e retomada por conta própria pelos responsáveis jurídicos do governo. Pois é esta a novidade: a tortura já não é representada como uma infração — lamentável mas desculpável — à norma: ela é a própria norma. Até então se poderia imaginar que as práticas de tortura resultavam daquilo que se chama de rebarbas, ultrapassagens involuntárias dos limites, provocadas pela urgência do momento. Percebeu-se, ao contrário, que se tratava de procedimentos fixados nos mínimos detalhes, quase por centímetro e por segundo.

Assim, as formas de tortura reservadas são dez, cifra que em seguida sobe para treze. Elas se dividem em três categorias, cada uma conhecendo vários graus de intensidade: preparatórias (nudez, alimentação manipulada, privação de sono), corretivas (as surras) e coercitivas (jatos d'água, encerramento em caixas, suplício da banheira). Para as bofetadas, o interrogador deve bater com os dedos afastados, a igual distância entre a extremidade do queixo e a ponta do lóbulo da orelha. Os jatos d'água sobre o prisioneiro podem durar vinte minutos se a água estiver a cinco graus; quarenta minutos, se estiver a dez graus, e até sessenta se estiver a quinze graus. As privações de sono não devem ultrapassar 180 horas, mas, após um repouso de oito horas, podem recomeçar. A imersão na banheira pode durar até doze segundos, não mais que duas horas por dia, durante trinta dias consecutivos (um prisioneiro particularmente coriáceo sofreu esse suplício 183 vezes em março de 2003). O encerramento em uma pequena caixa não deve ultrapassar duas horas, mas, se a caixa permitir que o prisioneiro se mantenha de pé, pode-se chegar até oito horas seguidas, dezoito horas por dia. Se você introduzir na caixa um inseto, não deve dizer ao prisioneiro que a picada será muito dolorosa, ou até mortal. E assim por diante, em páginas e páginas...

O contágio se espalha bem além do círculo limitado dos torturadores: vários outros grupos de profissionais se envolvem na prática dos suplícios. Conselheiros jurídicos do governo se mobilizam para assegurar a impunidade legal de seus colegas e fornecer uma legitimação para seus atos. Regularmente estão presentes psicólogos, psiquiatras, médicos, mulheres (os torturadores são homens, mas o aviltamento sob o olhar das mulheres agrava a humilhação). Enquanto isso, professores universitários produzem as justificações morais, legais ou filosóficas da tortura. A tortura marca de maneira indelével o corpo dos torturados, mas também corrompe a mente dos torturadores. Progressivamente, a sociedade inteira se vê atingida por esse câncer insidioso, esse ataque ao pacto fundamental que liga uns aos outros os cidadãos de cada país democrático, pacto segundo o qual o Estado é o fiador da justiça e do respeito por todo ser humano. Um Estado que legaliza a tortura não é mais uma democracia.

Tais práticas, que parecem contrariar tanto as leis de qualquer país quanto sentimentos humanos amplamente compartilhados como a compaixão, são mais fáceis de fazer aceitar em tempo de guerra do que em períodos de paz, pois a guerra sempre acarreta a suspensão de certas normas legais e morais. O ato mais condenável que existe, matar um semelhante, após ser rebatizado de "eliminar um inimigo", torna-se o ato mais valoroso. Abalados os fundamentos da vida comum, as transgressões às regras específicas deixam de aparecer como tais. A situação de guerra exerce uma influência decisiva sob outro ponto de vista: é universalmente admitido que, em tempo de guerra, os subordinados devem obediência absoluta aos seus superiores. Ante o perigo de morte, quando as bombas explodem bem ao nosso lado, não é hora de discussões e tergiversações. Mesmo em um país que cultua a livre-iniciativa, as circunstâncias de guerra impõem submeter-se, sem refletir, às ordens recebidas. Por aí vemos como a ideia de uma "guerra contra o terrorismo" pode ter consequências perniciosas.

Vários analistas destacaram a intensificação da *húbris*, ou descomedimento, entre os chefes de Estado que desencadearam a guerra e comandaram os exércitos — o presidente americano George W. Bush e o primeiro-ministro britânico Tony Blair.[20] Mas é preciso ir além dos casos pessoais: não são somente esses indivíduos que estão tomados pela *húbris*, mas também os próprios Estados, que, já não encontrando nenhum freio externo, comunicam aos seus dirigentes esse descomedimento, ao fim do qual surge a tortura. Acrescentemos que nem um nem outro desses responsáveis pela campanha do Iraque expressou o mínimo pesar pelo desencadeamento da guerra: aparentemente, continuam convencidos de ter evitado ao mundo uma catástrofe.

Os valores democráticos, brandidos pelos países ocidentais como motivo da intervenção, foram percebidos, pela população de outros países, como a confortável camuflagem de intenções inconfessáveis. A erosão deles, efeito de um impulso messiânico para a perfeição, também pode ser encontrada fora das situações de guerra. O desejo de escapar a qualquer risco para nossa saúde pode levar a um utopismo sanitário preventivo; o de afastar todo risco social, a uma política de exclusão para com todos os agentes de potenciais transtornos. Uma das mais poderosas ameaças que pairam sobre nossas democracias, escreve o juiz Serge Portelli, "é a de uma sociedade de segurança absoluta, de tolerância zero, de prevenção radical, de prisão preventiva, de desconfiança sistemática em relação ao estrangeiro, de vigilância e de controle generalizado".[21] Assim é que nos tornamos nosso próprio inimigo, e um dos piores que existem.

A GUERRA DO AFEGANISTÃO

A ocupação do Afeganistão pelo Exército americano e seus aliados é uma consequência dos atentados de 11 de setembro de

2001, executados por terroristas cujas bases de apoio ficavam naquele país. Após essa agressão, uma intervenção das forças afegãs, apoiadas por militares americanos, eliminou de lá os combatentes da Al-Qaeda e expulsou os talibãs que os protegiam. A emoção suscitada pelos atentados terroristas permitiu considerar tal intervenção como um ato de legítima defesa. Contudo, sem refletir muito sobre as consequências do que faziam, os militares americanos, secundados pelos soldados de seus aliados, instalaram-se no país a fim de dar suporte ao governo que eles haviam ajudado a implantar e de vigiar para que não aparecessem novos terroristas. Este último objetivo se inscreve na lógica do messianismo político: a proposta é transformar o país numa democracia que respeite os direitos humanos. Pois bem, a partir desse momento a presença da força militar de ocupação produziu um resultado inverso em relação ao esperado: quanto mais os militares reforçam seus efetivos, mais provocam unanimidade contra eles. Em outras palavras: o objetivo atribuído pelos Estados Unidos à sua intervenção no Afeganistão (garantir a segurança de seu próprio país) não é alcançado pelo meio escolhido (a ocupação de um país estrangeiro). O que parece produzir-se é justamente o contrário.

Observemos um pouco mais de perto esses dois níveis de insuficiência. No local, os soldados americanos e seus supletivos são atacados por aqueles que eles impedem de conduzir seus assuntos; nesse ambiente hostil, em um terreno que mal se conhece, onde qualquer estrada pode estar minada e onde atrás de cada arbusto pode se esconder um inimigo, os ocupantes respondem com bombardeios. Para evitar o risco de morrer, eles aceitam o de matar inocentes: de fato, perto dos combatentes perseguidos sempre se encontram civis. O resultado é que o número dos inimigos não para de crescer. "Contentar-se com matar os insurgentes serve para multiplicar nossos inimigos, mais do que para diminuí-los", escreve o general Michael T. Flynn em 2010, em um relatório destinado a melhorar a situação:[22] no lugar de cada eliminado vêm outros quatro, seus primos, amigos ou vizinhos. O general, portanto, condena essa prática — em nome da eficácia, não do humanitarismo. Por outro lado, é por uma facilidade de linguagem que a imprensa ocidental designa como "talibãs" todos os que se opõem à ocupação. Na realidade, trata-se de um conjunto heterogêneo no qual se misturam talibãs religiosos, chefes de guerra locais, traficantes de todo tipo, produtores e revendedores de ópio, conservadores que correm o risco de perder suas prerrogativas numa democracia à ocidental. A unidade de todos os insurgentes reside unicamente na existência de um inimigo comum, ou seja, o exército estrangeiro de ocupação.

O público ocidental retém os objetivos declarados da ocupação: apoio à democracia, defesa dos direitos humanos, expulsão dos malfeitores terroristas. Já a população afegã retém a realidade vivida: bombardeios cegos, centros de detenção e de tortura (como Bagram, protótipo de Abu Ghraib), apoio a dirigentes corruptos. Será de espantar que ela não alimente sentimentos favoráveis para com o ocupante? Um exemplo entre muitos: em agosto de 2008, um destacamento francês cai numa emboscada, o que causou a morte de dez soldados. Tal operação não podia ser montada sem que fosse conhecida pela população local; pois bem, ninguém avisou os franceses sobre o perigo. Nos dias seguintes à tocaia antifrancesa, um raide aéreo acarreta a morte de 92 civis, a maioria crianças. Como os ocupantes, responsáveis por essas mortes, podem esperar ser amados e protegidos pela população?

A presença de um exército de ocupação não é apenas ineficaz, mas também nociva à segurança dos ocidentais. Para estes, a principal ameaça não vem dos camponeses afegãos em armas, mas de todos aqueles que, fora do Afeganistão, se sentem solidários com a população desse país por razões políticas, religiosas ou culturais. O terrorista de hoje não executa as diretivas de uma central clandestina; sensível à humilhação sofrida por aqueles de quem se sente próximo, engaja-se por conta própria em favor deles. Tentar eliminar um centro de decisão da Al-Qaeda, de onde partiriam todas as ordens para atos terroristas, resulta ou de uma fantasia ou da aplicação de um esquema falido a uma situação nova. As montanhas do Afeganistão (ou de outro país) não exercem um papel comparável àquele das oficinas do KGB em Moscou, no tempo da Guerra Fria. O contexto atual é diferente, marcado pela evolução tecnológica e pela globalização. Fala-se muito, no Ocidente, do perigo que o islamismo representa para os países da Europa ou da América do Norte; o que se *vê*, ao contrário, são os exércitos ocidentais ocupando os países muçulmanos ou intervindo militarmente neles. Esse fato é abundantemente explorado pela propaganda dos inimigos do Ocidente, que, difundida hoje pela internet, alcança imediatamente um vasto público.

Para combater eficazmente o terrorismo, os ocidentais dispõem de dois meios, nenhum deles militar: policial (informar-se, vigiar, controlar os circuitos financeiros) ou político (não dar motivo para a acusação de que os valores defendidos são um simples pretexto para a ocupação). Hoje, a ocupação do Afeganistão tornou-se uma causa de agressões, em vez de ser um remédio contra elas. Ao mesmo tempo, esse envolvimento militar tem um preço tão alto que deveria chocar a população dos países ocidentais, particularmente nestes tempos de crise econômica e financeira; se isso não acontece, é porque somas tão colossais deixam de falar à imaginação. Antes da subida ao poder do novo presidente dos Estados Unidos, Barack Obama, a Guerra do Afeganistão já custara 1 trilhão (mil bilhões) de dólares; de lá para cá, engole 1 bilhão por semana. O aumento do contingente em 2010 representou

30 bilhões adicionais. Os aliados também devem contribuir: a guerra custa à França 1 milhão de euros por dia. Será realmente esse o melhor emprego possível para tanto dinheiro?

A TENTAÇÃO DO ORGULHO E DO PODER

Esses argumentos contra o engajamento militar americano no Afeganistão, já formulados por diversos comentaristas, não podem ser ignorados por Obama, adversário declarado da Guerra do Iraque, tal como havia sido iniciada pelo presidente Bush. Assim como não pode lhe escapar a fragilidade da definição dessa intervenção como uma "guerra justa". Em seu discurso de Oslo, onde esteve para receber o Prêmio Nobel da Paz em dezembro de 2009, Obama declarou que os Estados Unidos travavam no Afeganistão uma "guerra justa" e enumerou três condições, todas necessárias, para que uma guerra possa ser declarada como tal: "em caso de legítima defesa; se a força empregada for proporcional; se as populações civis forem poupadas". Pois bem, nenhuma das três está sendo cumprida nas atuais circunstâncias: ninguém, no Afeganistão ou em outra parte, pode acreditar seriamente que os chefes de guerra locais ou os combatentes religiosos ameaçam a segurança dos Estados Unidos; ninguém pode considerar "proporcional" um exército de 100 mil homens diante de quinhentos combatentes da Al-Qaeda; e ninguém pode negar que as intervenções aéreas causam importantes perdas civis. Mas, então, por que persistir em atolar-se nesse caminho que não leva ao objetivo desejado?

A única resposta racional é que o objetivo perseguido não é o objetivo declarado. Pode-se fazer uma ideia deste último nas entrelinhas de algumas frases de Obama escapadas no mesmo discurso. Os Estados Unidos, afirma ele, têm a obrigação de car regar um "fardo" — não mais o do homem branco, como em Kipling, mas o de um povo encarregado de uma missão particular: "garantir a segurança mundial", ou seja, servir de polícia para a humanidade, e contribuir para a promoção da liberdade em todo o mundo. Tal seria o "interesse esclarecido" do povo americano. Portanto, o messianismo político que havia conduzido à Guerra do Iraque continua vivo. Ora, ele repousa sobre uma crença coletiva que, embora não seja de origem religiosa, possui o mesmo caráter de absoluto que os mandamentos divinos e parece escapar à argumentação racional. Do contrário, qual poderia ser afinal a origem de tal missão?

Nesse mesmo espírito, Obama considera abertamente a utilidade da guerra "para além da autodefesa ou da defesa de uma nação contra um agressor", isto é, para proteger uma população contra seu próprio governo, ou para deter uma guerra civil; em suma, "o uso da força será justificado por razões humanitárias". Tais intervenções, esclarece ele, podem ser conduzidas de maneira preventiva. É precisamente nesse ponto que a política dos Estados Unidos decai, do princípio universal do direito à autodefesa, para o messianismo que leva esse país a acreditar-se encarregado de salvar a humanidade. Obama acha necessário garantir-nos que "o Mal existe no mundo". Sem dúvida; mas não se deveria insistir, antes, em que a tentação do Bem (aquilo que ele mesmo denomina "as tentações do orgulho e do poder") causou infinitamente mais danos do que a "tentação do Mal"? Se alguém se resigna a impor o bem pela força, é porque abandonou o princípio que Obama ao mesmo tempo invoca, a saber, o de que todos os povos são movidos pelas mesmas necessidades fundamentais e, portanto, merecem o mesmo respeito; doravante, uns decidem pelos outros. Enfim, se a noção de "guerra justa" podia suscitar reservas, a de "guerra humanitária" faz decididamente pensar em Orwell e nos slogans do partido em *1984*.

Conduzir essa guerra é aparentemente entendido como do interesse da nação americana, pois ela prova e ilustra sua superioridade militar (sabe-se que esta é incontestável e que os Estados Unidos aceitam pagar o preço: o orçamento militar do país, 600 bilhões de dólares por ano, é igual à soma dos orçamentos militares de todos os outros países do mundo). A aspiração ao poder não precisa de uma justificação além dele. Outras razões podem existir pontualmente (por exemplo, garantir o abastecimento estratégico de petróleo); mas, no conjunto, busca-se o poder por ele mesmo. Evitar perder o prestígio é essencial sob esse ponto de vista; ora, reconhecer que o engajamento no Afeganistão não era justificado não deixaria de produzir um efeito ruim. Então, Obama prefere legitimar, por um erro passado, o erro presente.

A GUERRA DA LÍBIA: A DECISÃO

A mais recente das intervenções ocidentais, destinadas a levar o Bem aos outros países do planeta, foi a Guerra da Líbia, desencadeada em março de 2011 e conduzida a um fim vitorioso em agosto do mesmo ano, seguido pelo linchamento de Kadhafi no mês de outubro. Uma aparente diferença entre essa guerra e as que a precederam, no Iraque e no Afeganistão, foi a existência, desta vez, de uma resolução que autorizou a intervenção do Conselho de Segurança da ONU, o que não houve nos casos anteriores. Além disso, tal resolução foi justificada por um princípio novo, resumido na expressão "responsabilidade de proteger". Contudo, apesar das aparências, apesar também das solenes invocações dos nobres princípios de liberdade, democracia, direitos humanos e respeito pelo povo, a situação não é tão diferente assim. Para começar, examinemos essas duas inovações.

A "responsabilidade de proteger" é um conceito nascido de

uma constatação, a da terrível impotência das Nações Unidas no momento do genocídio ruandês. Já mencionei a invocação, naquela ocasião, de um "direito de ingerência" que permitisse intervir militarmente nas situações de urgência; mas a expressão não inspirava confiança no resto do mundo, por lembrar demais a época anterior, durante a qual as grandes potências decidiam entre si quanto ao rumo que os assuntos do mundo deveriam tomar. A "responsabilidade de proteger" pareceu ser uma fórmula mais prudente, e esse princípio foi adotado por uma votação da Assembleia Geral da ONU em 2005. A ideia subjacente era que, se um governo não tem capacidade ou vontade de proteger sua população civil, as Nações Unidas têm o direito de intervir nesse país sem solicitar a autorização do governo. Tendo o coronel Kadhafi ordenado a repressão sangrenta àqueles que pediam sua saída, o princípio de proteção parecia poder ser aplicado.

Mas, na verdade, o sentido da decisão não está totalmente claro. Primeiro, porque a expressão é em si mesma muito vaga. Convém compreendê-la no sentido mínimo, como a introdução de uma ajuda humanitária? Ou admitir que esta última deve ser protegida por uma força militar? Ou entendê-la como a destruição das Forças Armadas que ameaçam a população civil? Ou, interpretação maximalista, vê-la como a derrubada do governo considerado responsável por essa situação, e sua substituição por outro, julgado preferível pelos interventores? Segundo a resposta dada a essas perguntas, chega-se evidentemente a situações bastante diferentes. E, desde o momento em que essa "proteção" implica já não uma simples assistência humanitária, mas a intervenção militar de outro Estado, não se percebe muito claramente em que ela difere do "direito de ingerência" brandido precedentemente.

Além disso, a interpretação e a aplicação dessa "responsabilidade" são confiadas ao Conselho de Segurança da ONU, cujos membros permanentes (Estados Unidos, Rússia, China, Grã-Bretanha, França), como se sabe, dispõem do direito de veto. Tal particularidade do regulamento é ao mesmo tempo o pecado original do Conselho e da ordem internacional que ele supostamente deve garantir. Dispondo desse direito, os membros permanentes do Conselho são colocados, de saída, acima da lei que supostamente devem cumprir: nem eles nem os países que eles decidem proteger podem ser condenados! Portanto, a justiça em questão é altamente seletiva. Isso permite compreender por que, apesar dos comprovados sofrimentos das populações civis, certas intervenções jamais vão acontecer. Basta lembrar os tchetchenos na Rússia, os tibetanos na China, os xiitas em países sunitas (e vice-versa), os palestinos nos territórios ocupados por Israel... No mesmo momento em que era decidida a intervenção na Líbia, os membros do Conselho encorajavam as ingerências, muito diferentes, da Arábia Saudita nos países vizinhos, destinadas a defender o poder constituído contra as multidões revoltadas; ou se contentavam, invocando a necessidade de um equilíbrio local, com repreender a Síria pela repressão semelhante que ela praticava contra sua própria população.

Há coisa pior: os membros permanentes podem decidir intervir onde quiserem *sem* a autorização das Nações Unidas, como fizeram no Kosovo ou no Iraque; bem se vê que isso não acarreta nenhuma sanção oficial. A ordem internacional encarnada pelo Conselho de Segurança consagra o reinado da força, não o do direito. Às vezes se diz, com orgulho, que essa nova ordem mundial extingue a sacrossanta noção vestfaliana de soberania dos Estados, o princípio de que, em outras palavras, "o galo é quem canta no poleiro": cada governo faz o que quiser em sua casa, é ele que decide quanto ao certo ou ao errado. Certamente imperfeita, essa ordem, no entanto, é substituída por um princípio ainda mais antigo, segundo o qual a força faz o direito e os poderosos deste mundo impõem sua vontade aos mais fracos: agora é "o galo canta em toda parte".

Submeter o princípio de soberania nacional ao da governança universal é um ato que por si mesmo instaura a desigualdade, já que o mundo se divide doravante em dois grupos de Estados: os que podem fazer o que quiserem em seu território e nos dos outros (os membros do Conselho de Segurança, que dispõem do direito de veto) e os que, como os pobres de espírito ou as crianças de pouca idade, são postos sob a tutela dos primeiros e serão punidos por qualquer transgressão às regras. Por isso mesmo é que a vida internacional havia preferido invocar, em outros momentos de sua história, um princípio diferente: não mais a imposição do mesmo conceito de Bem a todos, mas a aceitação da pluralidade dos ideais e da soberania dos países. Aliás, esse é o único princípio compatível com a ideia de igualdade entre os países, oposta à sua repartição em duas categorias — as que merecem autogovernar-se e as que devem ser governadas pelos outros, como no tempo das colônias. Quando vemos hoje os jornais darem títulos como "A sorte da Líbia se decide entre Londres e Paris", parece-nos ter voltado 130 anos atrás, quando a Grã-Bretanha e a França, as grandes potências coloniais, reinavam efetivamente sobre a África e a Ásia e escolhiam os governantes dos países submetidos à sua tutela.

Na Conferência de Cúpula da OTAN em maio de 2012, tomou-se a decisão de retirar as tropas da coalizão até o final de 2014, no máximo. Uma guerra de treze anos (2001-14) terá então terminado, segundo todas as probabilidades, por um roteiro à vietnamita: após a retirada das tropas, o antigo adversário ocupará novamente o terreno. Mas, como entre os hábitos das grandes potências não se inclui reconhecer seus erros passados, nenhuma lição será tirada desse fracasso, e pode-se supor que outras aventuras do mesmo gênero serão empreendidas nos anos vindouros.

A GUERRA DA LÍBIA: A EXECUÇÃO

A primeira vítima da intervenção, antes mesmo de caírem as bombas destinadas a proteger a população, foi o discurso político e midiático nos países que haviam tomado essa iniciativa: todo cuidado de precisão e de nuança estava esquecido, cedendo lugar aos esquemas maniqueístas, aos superlativos antitéticos, aos amálgamas aproximativos, aos hinos à guerra vitoriosa. O chefe inimigo já não era designado senão por invectivas, tornara-se o demente, o louco, o carrasco, o tirano sanguinário ou sinistro, quando não era remetido às suas origens de "beduíno astucioso". Diante dele, só se encontravam cavaleiros brancos portadores da liberdade, combatentes irrepreensíveis que defendiam os valores universais. Os cocoricós patrióticos abundaram: a França devia extrair um legítimo orgulho de seu papel nessa guerra, acertara em cheio ao ser a primeira a engajar-se, defendera sua honra. A guerra era bela, as batalhas ganhas deviam entrar para a lenda. Os eufemismos eram convenientes, não se dizia que se deve matar sem remorsos, mas que "é preciso assumir as próprias responsabilidades"; nem que se deve diminuir o número de cadáveres, mas que convém proceder "sem baixas excessivas". Comparações temerárias justificavam a entrada em guerra: não intervir corresponderia a repetir os erros cometidos na Espanha em 1937, em Munique em 1938, em Ruanda em 1994... Os lançamentos de armas em paraquedas para os insurretos lembravam ao presidente Sarkozy aqueles que os aviadores britânicos faziam na França para os membros da resistência, durante a Segunda Guerra Mundial.

Quando se ultrapassa essa retórica eufórica, descobre-se uma realidade um pouco diferente. O objetivo invocado inicialmente era aliviar a pressão, encarnada pelo exército de Kadhafi, que ameaçava provocar um banho de sangue na cidade de Benghazi. Tal objetivo, que em si mesmo podia ser julgado legítimo, foi alcançado desde o primeiro dia. Mas logo foi preciso render-se à evidência: o objetivo real dos Estados estrangeiros envolvidos na guerra não era a simples proteção da população civil, ou então essa proteção devia ser interpretada num sentido extremamente amplo. O objetivo da operação era depor o chefe de Estado em exercício e substituí-lo por outro, mais afável em relação ao Ocidente, ou mais dócil. A resolução do Conselho de Segurança data de 17 de fevereiro, a intervenção começa em 19 de março: já em 24 de fevereiro, o ministro francês da Defesa, Alain Juppé, declara que Kadhafi deve deixar o poder; no dia seguinte, o presidente francês confirma essa opção. Um pouco mais tarde, o novo ministro da Defesa, Gérard Longuet, explica a necessidade de unificar os dois objetivos: "A proteção às populações implicava quebrar toda a corrente".

O propósito da intervenção jamais havia sido realmente impor um cessar-fogo, visto que as exigências quanto a isso permaneciam unilaterais: pedia-se aos lealistas que suspendessem seus ataques, mas não aos insurretos que depusessem suas armas. Aliás, estes últimos eram hostis à ideia do cessar-fogo: preferiam que o combate continuasse até que a OTAN destruísse ou expulsasse os adversários deles. O que explica o fato de os bombardeios da OTAN terem-se concentrado rapidamente, já não em torno das cidades sitiadas pelos lealistas, mas sobre a capital, Trípoli. Oficialmente, a eliminação de Kadhafi não fazia parte dos objetivos, mas a Aliança bombardeava com assiduidade todos os lugares onde ele podia estar: centros de comando, de controle e de comunicação; se ele fosse morto, não teria sido intencionalmente...

Na realidade, a situação inicial, de uma multidão que se manifestava de maneira pacífica, reprimida brutalmente pelas forças do regime, não demorou a transformar-se em guerra civil entre partidários e adversários de Kadhafi, lealistas e insurgentes, apoiados pelas diferentes tribos que compõem aquela nação. A OTAN, portanto, colocou-se a serviço de uma das facções dessa guerra civil. Sob esse ponto de vista, a situação se assemelhava à do Kosovo em 1999, quando a organização conduzia a guerra contra o poder sérvio em nome do UCK, o grupo de insurgentes albanófonos. A Guerra da Líbia teria provocado, segundo as estimativas do presidente do Conselho Nacional de Transição (CNT), Mustafá Abdel Jalil, cerca de 20 mil mortes, número arredondado para 30 mil em outubro. Nesse total, as vítimas dos bombardeios da OTAN constituem uma parte cujas dimensões são desconhecidas. Não adotaremos aqui a distinção falaciosa, proposta pelo Tribunal Penal Internacional, entre vítimas visadas voluntariamente (as de Kadhafi) e vítimas atingidas involuntariamente (as da OTAN): as bombas são feitas para destruir e matar. Simplesmente, as vítimas sofridas pelo inimigo não são contabilizadas durante os combates. Entre os "danos colaterais", convém mencionar igualmente os refugiados que fogem de um país em guerra, que se amontoam em embarcações precárias imaginando que a Europa vizinha abrirá os braços para acolhê-los: estima-se em pelo menos 1200 o número de mortos por afogamento ao longo do litoral líbio.

O envolvimento da OTAN foi decisivo para o resultado dos combates. No início do conflito, os lealistas dispunham de melhor armamento do que os insurgentes, e portanto podiam obter algumas vitórias locais. Contudo, muito rapidamente, a assimetria se deslocou entre as forças da OTAN e as dos lealistas: os canhões de uns destruíam os fuzis dos outros, assim como os mísseis de uns aniquilavam sem dificuldade os canhões dos outros. Dada essa desproporção de forças, o resultado militar do confronto não deixava dúvidas, a única incógnita era a duração dos combates. A ação começou pelo controle do espaço aéreo (destruição dos aviões adversários e da defesa antiaérea). Somente a OTAN, que assumiu o comando das operações em 31 de março, realizou 20 262 missões aéreas, das quais 7635 resultaram em ataques. A organização assegurou igualmente o controle do mar, com o auxílio de 16 navios de guerra. Mediante incursões com objetivo preciso, interrompeu o abastecimento dos lealistas em petróleo; também entregou armas aos insurgentes. A tomada de Trípoli foi possibilitada pela estreita cooperação entre estes últimos e a OTAN, que em três dias bombardeou 42 alvos na cidade, entre os quais a residência-fortaleza de Kadhafi; a isso acrescentaram-se os ataques dos drones, pequenos aviões telecomandados, e a presença de "técnicos" no solo. Foram as aeronaves francesas que, em outubro de 2011, permitiram a captura e o linchamento de Kadhafi. Sem surpresa, os bombardeios tiveram a última palavra, e nós vencemos!

A ambiguidade no objetivo da intervenção suscitou numerosas interrogações e resistências, que aumentaram à medida que o fim se aproximava. A intervenção foi desaprovada logo de início pelos países da União Africana, e, progressivamente, pelos países do BRICS (Brasil, Rússia, Índia, China e África do Sul), que se haviam abstido por ocasião da votação no Conselho de Segurança e que representam, por si sós, a maioria da população mundial: eles consideraram que a campanha da OTAN ia muito além daquilo que a resolução votada autorizava. "Em vez de proteger as populações", declarava por sua vez o presidente sul-africano Jacob Zuma, a intervenção "permitiu que o grupo de rebeldes avançasse." Mesmo na Europa, ela não obteve uma maioria de adesões: somente a Itália, a Dinamarca, a Noruega e a Bélgica se juntaram aos países que a conduziam, a Grã-Bretanha e a França.

O Ocidente resolvera chamar de "mercenários" ou "populações submetidas" os partidários de Kadhafi, e de "povo" os adversários dele, optando por estes últimos. Também os gratificava com qualificativos como "democratas", termo que, no entanto, nada justificava. Pelo que sabemos hoje, as forças hostis a Kadhafi eram muito heterogêneas. Entre elas encontravam-se defensores das ideias democráticas, mas também islamistas e combatentes da Al-Qaeda, antigos dignitários do regime de Kadhafi e líbios que haviam emigrado para o Ocidente e estabelecido sólidos vínculos com círculos políticos ou de negócios. Só para darmos alguns exemplos, o presidente do CNT, Abdel Jalil, esteve durante anos à frente do Tribunal de Apelações de Trípoli; sob esse título, confirmou duas vezes a condenação à morte das enfermeiras búlgaras acusadas de haver propagado a aids na Líbia. Como recompensa por seus bons serviços, Kadhafi o nomeara ministro da Justiça, posto que ele ocupou até sua deserção, em fevereiro de 2011.

As forças armadas dos rebeldes foram comandadas durante algum tempo pelo general Abdel Fatah Yunes, companheiro de armas de Kadhafi de 1969 a 2011, ex-ministro do Interior e chefe das tropas especiais encarregadas, durante décadas, da repressão. Yunes foi morto em circunstâncias não esclarecidas no fim de julho de 2011, provavelmente por antigos islamistas: antes, tivera como tarefa organizar a perseguição a eles. O novo governador militar de Trípoli é Abdel Hakim Belhaj, antigo membro da Al-Qaeda, combatente do Afeganistão, preso e torturado pela CIA antes de ser entregue aos carcereiros líbios. O grande protetor dos insurgentes, o emir do Qatar, não é especialmente famoso por suas aspirações democráticas. Quanto ao "Primeiro-ministro" do CNT, Mahmud Jibril, e ao seu "Senhor Petróleo", Ali Tarhuni, estes são conhecidos sobretudo por haver estudado e trabalhado durante muito tempo nos Estados Unidos. Todo o discurso "democrático" dos ocidentais não estaria um pouco deslocado no contexto da Líbia, um país que jamais conheceu eleições, que não tem partidos políticos nem nada equivalente àquilo que é chamado de "sociedade civil"?

IDEALISTAS E REALISTAS

Ao constatar que o argumento "democrático" não basta para explicar a opção feita pelos ocidentais a favor de um dos beligerantes em detrimento do outro, podemos nos perguntar se não estaríamos mais perto da verdade se víssemos na revolta inicial um *putsch* cujos condutores propuseram ao Ocidente uma troca: que as forças da OTAN eliminassem Kadhafi para que eles pudessem tomar o poder, e em troca reservariam aos seus benfeitores o livre acesso às reservas petrolíferas do país... Estratégia tanto mais verossímil quanto o fato de contar com um aliado fiel em Trípoli pode revelar-se muito útil num momento em que os transtornos políticos nos países árabes vizinhos ameaçam levar ao poder dirigentes que estariam menos favoravelmente dispostos em relação ao Ocidente do que os autocratas depostos.

Tal hipótese recebeu um início de confirmação nos dias que se seguiram à queda de Trípoli: a imprensa publicou uma carta do CNT, de vários meses antes, na qual este se comprometia a reservar à França 35% de sua produção petrolífera como recompensa pelo "apoio total e permanente ao nosso Conselho". A carta foi desautorizada pelos dirigentes do CNT, mas em termos que valem confirmação. Como afirmou Abdel Jalil, em 25 de agosto: "Prometemos favorecer os países que nos ajudaram, nós os trataremos em função do apoio que nos trouxeram". Juppé, então ministro dos Assuntos Estrangeiros, registrou a mensagem: "Isso me parece bastante lógico e justo", aquiesceu. No mesmo momento, o ministro francês da Defesa assinalava que a França havia sido responsável por 35% dos ataques aéreos sobre as forças de Kadhafi, uma curiosa coincidência de números. Se essa relação se confirmar, pode-se dizer que a causa humanitária (impedir o banho de sangue) terá sido uma espécie de cavalo de Troia, um bom pretexto para intervir militarmente e controlar a orientação política de um Estado de ricas reservas energéticas.

Certamente existem razões múltiplas que explicam por que essa intervenção foi empreendida, ao passo que, em circunstâncias muito comparáveis, outras não o são: por que a Líbia, e não a Síria, ou o Bahrein, ou o Iêmen? Tais razões podem estar ligadas às dificuldades experimentadas pelos dirigentes dos Estados interventores, em determinado momento de suas carreiras, ou ainda aos interesses políticos e econômicos desses Estados. Durante muito tempo, a França apoiou as ditaduras estabelecidas nos países vizinhos, Tunísia e Egito: ao escolher dar suporte aos insurgentes na Líbia, ela poderia esperar incluir-se no sentido da história. Ao mesmo tempo, demonstrou a eficácia de suas armas, o que a situa em posição de força em futuras negociações. Mas, para além das justificativas pontuais, mantém-se também uma moldura comum.

Em seu discurso de 28 de março de 2011, o presidente dos Estados Unidos, Barack Obama, forneceu uma legitimação global para a intervenção na Líbia bastante parecida com aquela que ele havia dado anteriormente para a Guerra do Afeganistão. Bem consciente do fato de a segurança dos Estados Unidos não estar em questão na Líbia (não se trata de uma guerra de autodefesa), ele invoca o papel excepcional que cabe ao seu país na manutenção da ordem internacional. Os Estados Unidos são "o fiador da segurança global e o defensor da liberdade humana", têm uma responsabilidade de dirigente perante o resto do mundo. Devem, portanto, intervir sempre que se produz, em um lugar qualquer do globo, um desastre natural, mas também para "prevenir os genocídios, garantir a segurança regional e manter a liberdade de comércio" (como se vê, os interesses econômicos dos Estados Unidos não são esquecidos por Obama, tanto quanto não o eram por G. W. Bush). Dessa vez, a natureza da missão é especificada: não é nem divina nem o resultado de um consenso, simplesmente decorre do estatuto americano de "nação mais poderosa do mundo". Aí está como a força se adorna com as cores do direito. E Obama conclui, aplicando a teoria ao caso específico: Kadhafi deve abandonar o poder.

A intervenção na Líbia confirma o esquema messiânico familiar às democracias ocidentais. Por causa de seus êxitos tecnológicos, econômicos e militares, elas estão convencidas de sua superioridade moral e política perante os outros países do planeta. Decidem então que sua potência militar lhes atribui o direito ou mesmo o dever de gerir os assuntos do mundo inteiro (exceção feita aos outros membros permanentes do Conselho de Segurança e aos seus protegidos), impondo aos países de baixa avaliação os valores por elas julgados superiores e, na prática, os governos considerados aptos a conduzir a política apropriada. O caso da Grã-Bretanha e da França, que dominaram a coalizão envolvida na Líbia, é um pouco mais específico. Há cem ou duzentos anos, esses dois países eram as grandes potências coloniais, e hoje se tornaram potências médias que devem levar em conta a vontade dos mais fortes do que eles. Pois bem, eis que lhes é oferecida uma oportunidade de mostrar suas capacidades militares e de desfrutar da impressão de que voltaram a administrar os assuntos do mundo; então se aproveitam disso de bom grado. Encorajado pelos resultados obtidos, o então presidente francês Nicolas Sarkozy chegou a designar outro alvo: em 31 de agosto de 2011, ele advertiu o Irã sobre a possibilidade de um "ataque preventivo" contra as instalações nucleares desse país, retomando assim, por conta própria, a noção de guerra preventiva adiantada por G. W. Bush.

No entanto, podia-se imaginar um desfecho diferente para a crise líbia, desfecho que aliás era pedido pelos outros países africanos — mas a opinião deles era considerada negligenciável. Após a intervenção inicial que destruiu as forças aéreas do regime e deteve o avanço em direção às cidades que estavam nas mãos dos insurgentes, era possível impor um cessar-fogo a todos os beligerantes. Depois disso, poderiam ser empreendidas conversações políticas, de preferência sob a égide da União Africana. A partida de Khadafi poderia ter sido negociada nessas condições; se não se chegasse a nenhum acordo, seria impositiva a transformação do país em federação, ou mesmo sua partição. Soluções provisórias e imperfeitas, sem dúvida, mas livres do descomedimento que anima a ideia de impor o bem pela força.

Por enquanto, a intervenção na Líbia conduzida pela Grã-Bretanha e pela França com a ajuda dos Estados Unidos provoca a adesão de grande parte da população desses países. Os "falcões liberais", nome que lhes é dado nos Estados Unidos, defensores de um intervencionismo brutal em nome dos valores democráticos e dos direitos humanos, entram em acordo com os defensores nacionalistas dos interesses de seu país: Kadhafi era um ditador pavoroso e, ademais, a Líbia possui as maiores reservas de petróleo de todo o continente africano. Essa coincidência explica por que direita e esquerda se reconhecem igualmente em tal opção, tanto mais quanto, graças à superioridade tecnológica, essa guerra não causa vítimas na população dos interventores. Aos partidários da guerra se acrescentam aqueles que gostam de se ver ao lado dos vencedores; tudo isso produz de fato uma maioria. No entanto, pode-se também temer que, como o véu idealista já não esconde os interesses realistas, as populações desses países interpretem o conjunto de tais peripécias como uma eloquente lição de cinismo moral. Aliás, a estigmatização atual do regime de Kadhafi já lança uma luz cruel sobre a política desses mesmos países ao longo dos anos precedentes. De fato, desde 2004 esse regime recebia aprovações e gestos de amizade, os chefes de Estado franceses e britânicos se acotovelavam em Trípoli, e mesmo os serviços secretos de uma parte e de outra trocavam, de bom grado, informações ou prisioneiros recalcitrantes, como no caso de Abdel Hakim Belhaj.

Então, tudo isso não passava de hipocrisia? Como acreditar depois na veracidade das palavras públicas, como confiar em nossos dirigentes políticos? Pode-se duvidar de que essa lição sirva utilmente à educação cívica do povo.

Também se poderia dizer que, em regra geral, as relações entre nações só obedecem à força e aos interesses, diferentemente daquelas que se estabelecem no interior de cada nação. Nesse caso, de que adianta indignar-se diante de cada novo exemplo dessa lei? Mas, supondo-se que seja assim, como não ver que as vítimas — colaterais, se quisermos, e no entanto inevitáveis — serão as próprias ideias de justiça, de democracia e de direitos humanos, que agora aparecem como uma camuflagem cômoda para atos que devem nos proporcionar maiores riquezas e um aumento de poder? Não seria preferível remover a "embalagem de presente" na qual são envolvidas as ingerências e aproximar-se um pouco mais da verdade? Ao mesmo tempo, não esqueçamos que aqueles que sofrem nossas "guerras humanitárias" não sofrem menos do que aqueles das guerras à antiga. Antes de entoar um hino à glória de uma nova conflagração verdadeiramente melhor do que todas as outras, talvez fosse preferível meditar sobre as lições que Goya extraiu, duzentos anos atrás, de outra guerra conduzida em nome do Bem, aquela dos regimentos napoleônicos que traziam a liberdade e o progresso aos espanhóis. Os massacres cometidos em nome da democracia não são mais fáceis de sofrer do que os causados pela fidelidade a Deus ou a Alá, ao Guia ou ao Partido. Uns e outros conduzem aos mesmos *desastres da guerra*.

A POLÍTICA ANTE A MORAL E A JUSTIÇA

A terceira fase do messianismo político é um efeito paradoxal deste evento regozijante que fecha a história do século XX: a queda do Muro de Berlim, a derrocada dos regimes comunistas, o fim do episódio totalitário. Antes, o equilíbrio entre as duas superpotências — um equilíbrio do terror — assegurava a relativa estabilidade do mundo; ambas podiam "arrumar a casa" na esfera de sua influência e dominar seus satélites, mas cada uma também exercia sobre a outra o papel de freio. Desde que passou a subsistir uma só superpotência, o perigo do descomedimento apareceu sob uma nova forma, pois já nada se opõe à extensão de sua ação. Os Estados Unidos são tentados a tornar-se a polícia planetária, a impor sua vontade pela força — apresentada, o que não é de espantar, sob as cores do Bem.

Os partidários dessa estratégia são recrutados em todo o espectro político atual, tanto à esquerda como à direita. A intervenção no Kosovo produziu-se sob a presidência de Bill Clinton; no Iraque, sob a de George W. Bush; as guerras no Afeganistão e na Líbia são guiadas por Barack Obama — os interesses superiores do Estado parecem sobrepor-se, a cada vez, às opiniões ou às intenções particulares do presidente americano. É como se o chefe do país mais poderoso do mundo não pudesse agir de outra maneira. Guardadas as proporções, poderíamos dizer o mesmo dos dirigentes europeus, da classe política em seu conjunto ou dos autores que fornecem suas justificações teóricas: recrutam-se indiferentemente em todas as famílias políticas.

Ao longo da história, numerosas intervenções militares recorreram a essa postura quase moral, mas elas parecem caracterizar mais particularmente o messianismo político ocidental. O esquema é o mesmo: no momento da ação, anunciam-se as intenções universais e morais — trata-se de melhorar a sorte da humanidade, ou a de uma de suas partes —, o que provoca um movimento de entusiasmo e, por conseguinte, facilita a realização do projeto. As pessoas se persuadem de que, pelo simples efeito da vontade coletiva, é possível alcançar qualquer fim e avançar indefinidamente no caminho do progresso. Algum tempo depois — um ano, um século —, percebe-se que o objetivo pretensamente universal não o era, que ele correspondia sobretudo aos interesses particulares daqueles que o tinham formulado. Então jura-se não cair mais nessa armadilha — a não ser que as novas circunstâncias sejam de fato excepcionais...

O efeito concreto desses empreendimentos é, globalmente, negativo. Afora os casos específicos, podem-se indicar para isso duas razões estruturais.

A primeira é que a violência dos meios anula a nobreza dos fins. Não existem bombas humanitárias nem guerras misericordiosas, as populações que as sofrem contam os cadáveres e ignoram os objetivos sublimes (Dignidade! Liberdade! Direitos humanos! Civilização!). Os partidários dessas intervenções têm a surpresa de descobrir que elas produzem efeitos contrários aos fins visados. Seu fracasso provém do fato de eles terem escolhido agir *ou* a partir somente de suas convicções, sem preocupar-se com as consequências de seus atos, *ou* a partir somente da necessidade de obter um sucesso imediato, sem atentar para a moldura moral e legal em que esses atos se inscrevem. A ética da convicção, da qual fala Max Weber, não se opõe à ética da responsabilidade, mas ao puro pragmatismo, à busca de eficácia direta. A responsabilidade, por sua vez, implica encontrar um fundamento moral e legal para a política adotada e, ao mesmo tempo, levar em conta todos os elementos do contexto; portanto, também os efeitos prováveis da ação, sem o que todo o empreendimento está fadado ao fracasso.

A segunda razão é que, como é preciso impor o bem aos outros pela força, em vez de simplesmente sugeri-lo, postula-se de saída que eles são incapazes de dirigir-se por conta própria e que, para serem libertados, devem primeiro se submeter. Ora, colocar assim a desigualdade entre eles e nós é ir de encontro ao primeiro princípio da justiça e da moral, e àquilo que pretendíamos encarnar. O resultado dessa contradição interna é que os valores democráticos que pretendíamos servir ficam duravelmente comprometidos, pois aparecem aos seus supostos beneficiários como uma máscara para motivações outras — políticas, econômicas, ideológicas. Comprometem-se também as ações humanitárias provenientes dos mesmos países, embora, com frequência, estas sejam desinteressadas — compromisso ainda mais fácil quando os humanitários aceitam a ajuda logística oferecida pelo exército de ocupação, ou quando, apontando publicamente as transgressões aos direitos humanos, contribuem para desencadear as ações militares.

Note-se bem que não são os direitos humanos em si que estão em questão aqui, mas a maneira pela qual se procura promovê-los: em vez de manterem-se como um ideal pessoal, ou como um horizonte de ações empreendidas pela sociedade civil, ou como um fundamento da legislação nos países democráticos, eles são apresentados como o princípio operativo da política externa de um Estado, legitimando assim as guerras que têm por objetivo a instauração do Bem. Constatar os malefícios desse tipo de invocação dos valores universais e da moral nas relações internacionais não implica renunciar a eles por princípio, mas sugere circunscrever sua presença a situações específicas, em função de um contexto sempre diferente. Não se pode proibir a guerra; mas, mesmo em tempo de guerra, pode-se banir, em nome desses valores, a tortura, ou o estupro, ou a redução à escravidão. Em um caso extremo, como o genocídio que por acaso ocorra em um de nossos vizinhos, uma intervenção militar é concebível — mas convém não esquecer que, precisamente porque a evocação de um genocídio provoca reações fortes, essa intervenção pode ser utilizada como meio de manipulação, possibilitando alcançar outros objetivos. Não houve genocídio no Kosovo em 1999, e tampouco em Darfur em 2009, embora muito se tenha afirmado isso. Nestes últimos anos, assiste-se a uma banalização suspeita desse termo: a julgar pela frequência com a qual ele é invocado, poderíamos acreditar que, na história da humanidade, nunca houve um período tão rico em genocídios quanto aquele que se seguiu ao fim da Guerra Fria.

Inegavelmente, existem guerras legítimas: as de autodefesa (foi o caso da Segunda Guerra Mundial para os Aliados, ou o da intervenção americana no Afeganistão, em 2001), as que impedem um genocídio ou um massacre (a intervenção vietnamita que interrompeu o genocídio cambojano em 1978-79 seria um dos raros exemplos). Em contraposição, não são legítimas as guerras que se inscrevem num projeto messiânico e cuja justificação é impor a outro país uma ordem social superior ou fazer reinarem ali os direitos humanos.

Assim como não deve ser reduzida à aplicação de princípios morais, a política internacional não pode ser submetida às regras do direito. A razão é simples: para tornar-se efetiva, a justiça precisa de uma força de execução, e esta pertence aos Estados específicos. Enquanto não existir um governo mundial — perspectiva pouco atraente —, a justiça universal ameaça permanecer como uma fachada a serviço dos mais fortes. Desde 2002, existe um Tribunal Penal Internacional, cuja sede fica em Haia. Será realmente um avanço no caminho da justiça universal? É admissível não aquiescer com entusiasmo. De fato, o procurador desse Tribunal depende diretamente do Conselho de Segurança da ONU, no qual os cinco membros permanentes dispõem, como já lembramos, do direito de veto. A justiça internacional reflete de saída essa desigualdade. Por princípio, nenhuma acusação pode ser lançada contra um desses países, nem contra os aliados que eles desejam proteger. Assim, os bombardeios de Israel sobre Gaza, da Rússia sobre a Geórgia ou dos Estados Unidos sobre o Iraque jamais serão condenados pelo Tribunal Internacional. As únicas personalidades que, até o momento, foram alvos de acusação provêm de países africanos: Uganda, Congo, República Centro-Africana, Sudão.

Tal repartição das intervenções dispensa comentários, mas podemos lembrar um exemplo recente. Em março de 2011 realizou-se em Haia, perante o Tribunal Especial para Serra Leoa, uma instância criada pela ONU, mais uma etapa do processo contra Charles Taylor, ex-presidente da Libéria. Seus advogados perguntam por que não são julgados ao mesmo tempo os outros responsáveis pela guerra civil que arrasou Serra Leoa, assim como os chefes de Estado vizinhos — Líbia e Burkina Fasso. É simples, responde o procurador-geral: porque as potências que financiam o Tribunal teriam rejeitado isso (trata-se dos Estados Unidos e da Grã-Bretanha). Telegramas revelados pelo WikiLeaks mostram que a ideia de um processo contra Charles Taylor havia sido lançada pela embaixada norte-americana na Libéria a fim de desacreditar o dirigente do país. Este, muito provavelmente, tem as mãos sujas de sangue, mas essa má reputação não é o único motivo para que ele seja posto sob acusação: a isso misturam-se, de modo determinante, argumentos políticos próprios dos governos dos países mais poderosos, e até dos grupos privados que influenciam as decisões deles.[23]

Em maio de 2011 assistimos a outras duas manifestações da justiça internacional. Enquanto os aviões franceses e britânicos bombardeavam Trípoli, o procurador desse Tribunal pediu a perseguição ao dirigente líbio Kadhafi e a algumas pessoas próximas a ele por crimes contra a humanidade. Pode-se realmente confiar na imparcialidade dessa justiça, que obedece às instruções do Conselho de Segurança, responsável pela intervenção na Líbia? As vítimas civis de uns são mais preciosas do que as dos outros? Tal decisão não se parece mais com uma transformação da justiça em auxiliar da OTAN, como já acontecera em 1999, por ocasião da guerra contra a Sérvia?

No mesmo momento foi anunciada a prisão do general sérvio Ratko Mladić, considerado responsável pelos massacres de

Srebrenica na Bósnia, em 1994, assim como sua transferência para o Tribunal Internacional de Haia, encarregado de julgar os crimes cometidos durante a guerra na Iugoslávia. Tais acontecimentos foram saudados aqui e ali como o sinal de um avanço significativo da justiça internacional e como a prova de que, progressivamente, a força está por toda parte submetida ao direito. Doravante, afirmou-se nessa ocasião (mas não é a primeira vez), todos os chefes de Estado e altos responsáveis deverão tremer de medo quando cometerem atos ignóbeis, pois um dia terão de prestar contas. Mas essa imagem é uma ilusão. Só são ameaçados os dirigentes dos Estados fracos e desprovidos de protetores poderosos, caso da maioria dos países africanos. A não ser que haja uma guerra titânica, nenhum presidente nem chefe de guerra norte-americano, britânico, francês, russo, chinês, indiano etc. será jamais considerado penalmente responsável por seus atos. O direito internacional permanece submisso à força, desde que esta seja verdadeiramente forte.

A moral e a justiça postas a serviço da política dos Estados desservem a moral e a justiça, transformando-as em simples instrumentos nas mãos dos poderosos e fazendo-as aparecer como um véu hipócrita lançado sobre a defesa dos seus interesses. O messianismo, essa política conduzida em nome do Bem e do Justo, prejudica tanto um quanto o outro. Nada parece ilustrar melhor a célebre frase de Pascal: "Quem quer fazer-se de anjo acaba tornando-se animal".[24] A ordem internacional não se torna melhor quando se deixa um grupo de países impor sem restrição sua vontade a todos os outros. A tentação do descomedimento torna-se então grande demais e corre-se o risco de empanar a democracia aos olhos daqueles que devem beneficiar-se dela, e também de erodir seus princípios entre aqueles mesmos que a promovem.

4. A tirania dos indivíduos

PROTEGER OS INDIVÍDUOS

No conflito com o totalitarismo, a democracia enfrentava forças que impediam a liberdade de cada um; tratava-se então de uma hipertrofia do coletivo em detrimento do indivíduo, estando esse mesmo coletivo submetido a um pequeno grupo de dirigentes tirânicos. Pois bem, hoje, no mundo ocidental, uma das principais ameaças que pesam sobre a democracia não provém de uma expansão desmesurada da coletividade; ela reside antes num fortalecimento sem precedentes de certos indivíduos, que com isso põem em risco o bem-estar da sociedade em seu conjunto.

Para observar a ascensão desse novo perigo, convém retornar ainda à época da Revolução Francesa. Esta substituiu o poder de direito divino (baseado numa lei vinda de fora) pelo poder popular (que se dá sua própria lei). Tal objetivo foi rapidamente atingido; contudo, algumas mentes perspicazes logo perceberam que os inconvenientes da ordem antiga não estavam inteiramente afastados. O poder do Estado foi legitimado; mas as décadas precedentes haviam visto o surgimento de um novo ator social, o indivíduo. Ora, este último não é mais bem tratado pelo novo regime do que pelo antigo, o absolutismo se manteve apesar da revolução, e esse indivíduo não é protegido pela lei.

Condorcet será uma dessas mentes lúcidas, a qual perceberá que esses contemporâneos têm uma exigência de liberdade que seus antepassados ignoravam, a liberdade de escolher sua religião, de buscar sem impedimentos a verdade, de organizar sua vida privada como bem entenderem. Alguns anos mais tarde, quando Napoleão toma o poder na França, outro autor formulará enfaticamente o que ele denomina o "segundo princípio de política". Trata-se de Benjamin Constant, que, em 1806, redige seu grande tratado intitulado *Princípios de política*. Essa obra não será publicada integralmente durante a vida do autor, mas ele divulga diversos fragmentos dela. Em um deles, escreve: "A soberania só existe de maneira limitada e relativa. No ponto onde começa a independência da existência individual, detém-se a jurisdição dessa soberania".[1]

Diante do desastre provocado pelo Terror, esse poder popular soberano que saiu dos trilhos, Constant e outros liberais da época compreendem a necessidade de isolar e proteger o espaço da "existência individual". Portanto, não se contentam com as precauções tomadas por Montesquieu para que os poderes atuantes na sociedade sejam distinguidos entre si de tal modo que um possa deter o outro, ou com as acomodações adotadas pelas monarquias europeias, nas quais a potência temporal (o Estado) e a potência espiritual (a Igreja) se limitam mutuamente. O pensamento liberal introduz aqui um novo elemento, de natureza diferente: o indivíduo, que não é um poder, mas um ser a proteger e um valor a prezar. A moderação do regime político, isto é, o pluralismo e a limitação recíproca dos poderes, é apenas um meio que deve conduzir a este fim último — a proteção e o florescimento do indivíduo. A partir desse momento, o indivíduo já não é pensado na ótica liberal como o elemento de um conjunto — a sociedade —, mas como uma entidade autônoma, cuja vida social não é senão uma circunstância entre outras. Segundo preste serviço ou não, ela é encarada ora como uma ajuda, ora como um obstáculo.

Coloca-se então a questão de saber qual é o perímetro dessa existência que escapa a todo controle social. Em um primeiro momento, Constant destaca somente as liberdades civis. Desde que não prejudique outrem, o indivíduo deve poder permanecer livre para agir, para aderir à crença de sua escolha, para expressar seus pensamentos, enfim, para ser tratado de acordo com as leis. Em um capítulo ulterior de sua obra, porém, Constant visa a outro tipo de liberdade, agora situado na esfera material, que concerne àquilo que ele denomina a indústria, isto é, de modo geral, a economia. Renuncia a "colocar na mesma linha a liberdade comercial e a liberdade civil",[2] pois tem consciência de que a primeira apresenta problemas diferentes dos da segunda e não quer que a contestação de uma nos faça duvidar da necessidade da outra. Contudo, ao longo dos anos seguintes, ele tenderá cada vez mais a situar a liberdade econômica no mesmo plano das outras liberdades individuais.

Foi no século XVIII que se produziu aquilo que Louis Dumont denomina "uma inovação sem precedentes: a separação radical dos aspectos econômicos do tecido social e sua construção em um domínio autônomo".[3] Essa separação encontra seu acabamento em *A riqueza das nações*, de Adam Smith (1776), mas foi preparada pelos trabalhos de numerosos estudiosos e filósofos. Nas sociedades tradicionais, a dimensão econômica não é senão uma entre outras do mundo social; na França e na Inglaterra, no século XVIII, a economia começa a ser pensada como uma atividade à parte, separada da política, da moral e da religião, uma atividade que, por esse motivo, escapa progressivamente a todo julgamento de valor: a prosperidade da economia torna-se um fim em si. A contribuição específica de Constant para esse debate reside em que ele inclui a exigência de autonomia econômica entre as outras liberdades civis — e estas são uma das principais qualidades da sociedade democrática que ele afirma desejar.

EXPLICAR AS CONDUTAS HUMANAS

Ao mesmo tempo, produz-se outra mutação decisiva. As descobertas de Newton relativas à gravitação impressionaram os espíritos, e a sombra do genial físico paira sobre todo o século XVIII. Muitos são os filósofos e estudiosos que perscrutam o comportamento humano e sonham descobrir para ele leis tão gerais e objetivas quanto as estabelecidas por Newton para o mundo físico. Helvetius, autor de *Do espírito* (1758), espera poder "fazer uma moral como uma física experimental".[4] Condorcet, que teve uma formação de matemático, está convencido de que todos os "conhecimentos humanos" poderão tornar-se objeto das "ciências matemáticas" e alcançar o mesmo rigor — uma petição de princípio que não é muito abalada pelas observações judiciosas formuladas pelo mesmo Condorcet a respeito das diferenças entre os dois objetos a conhecer, o mundo material e o mundo humano.

Constant, por sua vez, vai enveredar por esse caminho, o que influenciará de maneira decisiva sua concepção da ação política. Ele está convencido de que a vida social obedece a leis rigorosas, e que é possível descobri-las. Os revolucionários, como fiéis discípulos de Pelágio, acreditaram que a vontade humana podia transformar a seu gosto a sociedade e os seres que a constituem (já o vimos com Saint-Just). Ao fazer isso, pensa Constant, viraram as costas ao conhecimento do mundo humano, que revela uma verdade totalmente diversa: a vontade só tem efeitos superficiais; na realidade, os homens são movidos por forças que ignoram. Tais forças já não são identificadas, como no passado, aos desígnios divinos, mas às leis históricas e sociais, cuja formulação cabe aos eruditos. Essas leis não escritas, que atuam nos assuntos humanos, contam muito mais do que as leis artificiais e circunstanciais pelas quais os dirigentes de cada país esperam reformar os costumes de seus cidadãos. Constant escreve:[5] "Não sendo as leis mais do que a expressão das relações existentes entre os homens, e sendo essas relações determinadas pela natureza deles, ninguém pode fazer uma lei nova, mas somente uma declaração nova daquilo que existia precedentemente. [...] O legislador é para a ordem social aquilo que o físico é para a natureza. O próprio Newton não pôde senão observar isso e declarar-nos as leis que ele reconhecia ou acreditava reconhecer". Uma vez afirmado que as leis da natureza e da sociedade substituíram os desígnios de Deus, poderíamos acreditar que aqui nos encontramos bem mais perto de Agostinho do que de Pelágio.

Os comportamentos humanos, portanto, não possuiriam nenhuma especificidade em relação aos movimentos que os corpos celestes e terrestres conhecem. Essa recusa a toda distinção representa o resultado de um movimento de longo fôlego. De fato, encontra-se na tradição ocidental, seja ela de obediência platônica ou cristã, uma tendência a imaginar o homem como um ser isolado que, antes de entrar em contato com seus semelhantes, mantém relações unicamente com as coisas e com as criaturas não humanas. Tal visão se opõe àquela que encontramos na maioria das outras tradições e mitologias do mundo, nas quais não se imagina um homem anterior ao ser social que conhecemos, e portanto uma relação com as coisas que teria precedido aquela com os outros homens. No fim do século XVII, Locke traduzirá essa visão em termos modernos: o homem é proprietário do fruto de seu trabalho (nisso assemelha-se a Deus, como proprietário do mundo que ele acaba de criar em seis dias), antes mesmo de entrar em relação com os outros homens, tornados aqui intervenientes facultativos.

Os sucessores de Locke no século XVIII desejarão interpretar as relações entre os homens *como se* elas fossem relações entre os homens e as coisas, o que permitirá justamente isolar o domínio econômico do resto da vida social. A vantagem é dupla: o indivíduo afirma sua liberdade (ele só depende de si mesmo) e é capaz de conhecer bem o mundo humano, visto que este é assimilado ao mundo material, fabricado por nós e portanto controlável por nós.[6] Rousseau, que participa dessa tradição, constata a impossibilidade de reduzir o mundo social ao da natureza, mas para lamentá-la: "Se as leis das nações pudessem ter, como a da natureza, uma inflexibilidade que jamais nenhuma força humana pôde vencer, a dependência dos homens voltaria então a ser a das coisas".[7] Meio século mais tarde, o utopista Saint-Simon faz dessa assimilação um dos postulados fundamentais de sua doutrina cientificista, afirmando a necessidade de *substituir o governo dos homens pela administração das coisas.*

Em Constant, a primeira consequência dessa assimilação do social ao físico é a de que o campo da ação política se vê singularmente estreitado. O zelo reformista, o frenesi legislativo dos revolucionários eram inúteis, e até nocivos. A ação do Estado, pensa Constant (e nisso será seguido pelos neoliberais), deve limitar-se essencialmente a garantir a segurança dos cidadãos por meio da justiça e da polícia, no âmbito interno, e do Exército, no que concerne às ameaças externas, ao que se acrescenta a coleta dos impostos necessários à manutenção desses serviços. Afora isso, ele deve deixar os indivíduos agirem como bem entenderem. Na última exposição sistemática de sua doutrina, *Commentaire sur l'ouvrage de Filangieri* (1822-24), retomada e resumo de seus textos precedentes, Constant é categórico: a ação do Estado deve ser reduzida ao mínimo, a saber, à manutenção da ordem pública. "Para além desse limite, tudo é usurpação", "todo o resto deve permanecer livre."[8]

Portanto, essa exigência também concerne às atividades econômicas. Não convém ocupar-se nem de "fixar as riquezas" nem de "distribuí-las com equidade", nem sequer de "prevenir o excesso de opulência". Os remédios para toda carência virão dos indivíduos livres, desde que se lhes permita agir sem constrangimento. "Pode-se em seguida confiar nos indivíduos para encontrar o Bem." "Não deve haver em absoluto leis sobre a indústria." Todos os problemas econômicos de um país encontrarão por eles mesmos sua solução. "O remédio é a concorrência." Aqui situa-se a segunda contribuição de Constant à teoria econômica (sob esse ponto de vista, ele é bem mais radical do que Adam Smith): a prosperidade econômica resulta unicamente da ação dos indivíduos, toda intervenção do Estado deve ser proibida. Seu livro termina com esta conclusão geral: "Para o pensamento, para a educação, para a indústria, o lema dos governos deve ser: *Laisser faire et laisser passer*".[9] Tal resultado do raciocínio pressupõe que se acredita não só que leis imutáveis dirigem as condutas humanas, mas também que estas seguem uma direção única rumo ao "progresso do espírito humano", para retomar a expressão de Condorcet, que no entanto era partidário da ação voluntarista do Estado. A natureza é boa e nos conduz para o Bem, a não ser que a vontade, ignorante ou maligna, a impeça de fazê-lo, já postulavam os pensadores economistas do século XVIII, de Mandeville a Smith, adeptos da teoria de uma "mão invisível" que dirige o desenrolar dos assuntos humanos. Com isso, Constant participa do espírito cientificista surgido em sua época, espírito que já pudemos observar atuante em Marx.

Os liberais apresentam sua doutrina como uma submissão às leis da natureza, e nisso se assemelhariam aos agostinianos que esperam tudo da graça divina — com a diferença de que, na contramão do pessimismo de Agostinho, eles imaginam essa natureza como benévola, conduzindo inelutavelmente ao progresso. O que eles rejeitam são as ações voluntárias, que ameaçam perturbar a marcha benéfica da natureza. Tal raciocínio, contudo, choca-se contra uma dificuldade: a própria vontade é natural aos homens; por conseguinte, as duas categorias, natureza e vontade, não se opõem. A vontade de construir projetos não é menos espontânea do que sua ausência. Por isso é que uma economia do *laisser-faire* não é mais "natural" do que uma economia dirigista. Ter de *escolher* entre natureza e vontade já é uma maneira de optar pela vontade; do contrário, a sociedade iria por conta própria na direção desejada. A verdadeira oposição situa-se não entre elas, mas entre vontade coletiva (estatal) e vontades individuais. De fato, os liberais que pleiteiam a suspensão das intervenções públicas no domínio econômico não preconizam a passividade dos indivíduos — muito pelo contrário: aqueles que perseguem seus objetivos com o máximo de empenho são os mais dignos de elogio. Somente o Estado deve submeter-se às leis da Providência, ou às leis inflexíveis da história; já os indivíduos são convidados a demonstrar iniciativa pessoal. Nesse sentido, a diferença entre neoliberais e socialistas não está em que uns seriam voluntaristas e os outros, não; mas em que o voluntarismo, que lhes é comum, é sobretudo individual em um caso, e coletivo no outro. Sob esse ponto de vista, o liberalismo é um pseudonaturalismo e um verdadeiro voluntarismo.

Muito mais do que em Constant, o caráter quase religioso da crença na vitória do Bem se revela em um defensor hiperbólico do pensamento liberal pertencente à geração seguinte, o jornalista Frédéric Bastiat, cujas frases categóricas chamaram a atenção dos neoliberais de hoje. Como os liberais que o precedem, ele pensa, à maneira de Pelágio e não à de Agostinho, que o mundo criado por Deus não é mau e que, ademais, evolui espontaneamente na boa direção. "Deus faz bem o que ele faz", escreve em *A lei* (1850); "a Providência não se enganou, ela organizou as coisas de tal modo que os interesses [...] chegam naturalmente às combinações mais harmônicas" (*Justiça e fraternidade*, 1848).[10] Sua ideia principal, portanto, é "religiosa, pois nos diz que não é somente a mecânica celeste, mas também a mecânica social, que revela a sabedoria de Deus e narra sua glória" (*Harmonias econômicas*, 1850). Dessa maneira, Bastiat revela a origem religiosa de expressões como "a mão invisível" em Adam Smith ou "o sentido da história" em Marx: elas representam a laicização da ideia de uma Providência que conduz os seres humanos pelos caminhos estabelecidos por Deus, mesmo quando eles não têm consciência disso. O mundo avança inexoravelmente para o Bem, não se deve contrariar sua marcha.

Ao mesmo tempo, como Condorcet e Constant, que aliás haviam colocado a história no lugar de Deus, Bastiat tem a ambição de basear suas conclusões na ciência. Acredita distinguir-se assim de seus contemporâneos socialistas, os quais acusa de perderem-se em fantasias e inúteis devaneios (eles pensam exatamente o contrário). Pode, portanto, produzir esta formulação paradoxal: "Creio [...] por uma fé científica e racional" que "o Mal desemboca no Bem e o gera", formulação que lembra o subtítulo provocador da *Fábula das abelhas*, de Mandeville: "Vícios privados, benefícios públicos".

Em 1848, a revolta popular na França leva a Assembleia Nacional a interrogar-se sobre a utilidade de introduzir na lei, ao lado da proteção das liberdades civis, a da justiça social — portanto, a garantia de trabalho ou a ajuda material aos necessitados. Bastiat, eleito deputado, opõe-se vigorosamente a isso. Não convém, escreve, que "as instituições humanas venham contrariar as leis divinas". Se começarmos a organizar a caridade, os inconvenientes serão mais numerosos do que as vantagens. Favorecendo demais a solidariedade entre todos, corre-se o risco de enfraquecer a responsabilidade de cada um e de matar o espírito de iniciativa. Pelágio recomendava não contar muito com a graça divina e apoiar-se no esforço pessoal. Bastiat abunda no mesmo sentido, só que, para ele, a proteção social aparece no lugar da misericórdia divina; para ele, assim como para Pelágio, Deus, ao criar o homem livre e o mundo bom, concluiu seu trabalho. Bastiat não se inquieta com os resultados vindouros: no mundo tal como ele o descreve, "todas as carreiras seriam abertas a todos; cada um poderia exercer suas faculdades livremente [...], não haveria privilégios, nem monopólios, nem restrições de nenhuma espécie" (*Justiça e fraternidade*).

COMUNISMO E NEOLIBERALISMO

O comunismo, como lembrei, passa do estado de projeto ao de realidade na Rússia, a partir de 1917. Esse acontecimento, por sua vez, acirra os pensadores liberais, que veem nas práticas comunistas a encarnação de seus piores temores: a submissão integral do indivíduo ao Estado, com a simultânea redução da economia à aplicação de um plano decidido de antemão por um órgão central. A partir desse momento, entra-se numa nova fase da evolução do liberalismo, a qual justifica que se fale de *neoliberalismo*. A doutrina é formulada agora em assumida oposição ao mundo totalitário em construção: partindo de certos princípios promovidos pelo pensamento liberal clássico, mas radicalizando-os e endurecendo-os, os neoliberais elaboram suas ideias no contexto criado pela Revolução de Outubro na Rússia e pela ascensão do nazismo na Alemanha. Um dos livros de Ludwig von Mises, seu primeiro grande representante no século XX, intitula-se *O so-*

cialismo (1922) e prediz o fracasso que ameaça a economia estatal da Rússia soviética. Ayn Rand, para tomarmos o exemplo de outra propagandista neoliberal, cresceu naquela Rússia comunista que é responsável pela ruína financeira de sua família; mesmo absorvendo durante seus estudos o espírito radical que reina ali, concebe por ele um ódio tenaz.[11]

Do mesmo modo, para tomar outro exemplo emblemático, o manifesto neoliberal de Friedrich A. Hayek, *O caminho da servidão*, publicado em plena guerra (1944), apresenta-se antes de mais nada como um alerta contra tudo o que poderia assemelhar-se às práticas totalitárias: em primeiro lugar o inimigo nazista, mas também — pois para Hayek o parentesco entre os dois é patente — o amigo socialista, a União Soviética. Hayek condena a tendência comum a esses regimes de dividir a humanidade em amigos e inimigos, a qual lhes permite transpor a lógica de guerra para a política interna; critica a redução da verdade, da justiça ou da moral a configurações puramente históricas, postas a serviço dos objetivos políticos do momento; deplora a supressão das liberdades individuais. Também constata a oposição entre as duas interpretações do sentido da história — luta de classes culminando na confrontação, em um caso, convergência harmoniosa dos interesses, no outro.

O objeto de seus ataques mais fortes é a doutrina econômica adotada por esses regimes, os quais representam, segundo ele, diferentes variantes do "socialismo". Os grandes traços da doutrina são assim definidos: os socialistas pedem que a propriedade privada seja abolida, ou fortemente restringida; que o Estado se torne o único ou pelo menos o principal empregador do país; e que a livre empresa, a concorrência e a economia de mercado sejam assim substituídas pelo que Hayek denomina "planismo" — uma economia inteiramente estatizada, unificada e hierarquizada, dirigida por alguns indivíduos que decidem de antemão quanto às direções que a marcha do país tomará. Ao privar seus cidadãos de toda autonomia econômica, o Estado totalitário os condena à escravidão política. Hayek se empenha então em mostrar por que tal opção econômica conduziria inevitavelmente ao desastre, inclusive numa democracia.

Essa crítica ao totalitarismo é justa e necessária. No entanto, observando-se os diferentes elementos da doutrina neoliberal, somos levados a perguntar-nos se a oposição entre esses dois modelos de governo é sempre tão completa quanto acreditam os que a formulam. "Cada uma à sua maneira, a ideologia comunista e a doutrina que a ela se opõe são tributárias do mito prometeico", escreve Flahault em seu estudo desse mito;[12] tributária também, poderíamos acrescentar, da herança de Pelágio.

Vários comentaristas já insistiram quanto à singular concepção da história que constitui a base das doutrinas neoliberais. Como vimos a respeito de Bastiat, elas postulam que, se os homens simplesmente não se metessem a impedir o curso natural das coisas com seus projetos e seus planos, tudo iria da melhor maneira no melhor dos mundos. Esse curso natural consiste na ausência de todo obstáculo erguido ante a livre concorrência, e portanto de toda intervenção estatal para corrigir os eventuais efeitos indesejáveis dela. "Foi a submissão do homem às forças impessoais do mercado que, no passado, possibilitou o desenvolvimento de uma civilização", escreve Hayek.[13] Dir-se-ia que, tal como Deus, o mercado não pode agir mal. Desse ponto de vista, o neoliberalismo, que apresenta seus objetivos como inteiramente "naturais", não se opõe de fato à teoria comunista, cujas "proposições teóricas" são supostamente, como vimos, "a expressão geral de relações efetivas". E, visto que o homem obedece às leis da natureza, basta conhecê-las para saber em que direção seguir. Ao "socialismo científico" de Marx e Engels vem, portanto, acrescentar-se o liberalismo "científico": os dois compartilham as mesmas premissas cientificistas.

No entanto, viu-se que essa reivindicação de uma submissão total às forças da natureza descreve mal a ideologia neoliberal em seu conjunto: essa renúncia às ações voluntárias só concerne aos agentes coletivos; quanto aos indivíduos, longe de recomendar-lhes uma dócil obediência ao destino, os neoliberais inflam sua liberdade e seu espírito de iniciativa. Portanto, imprimem ao seu programa de submissão à natureza mais uma torção, que os aproxima novamente dos socialistas. A doutrina marxista combina a crença em um sentido inelutável da história, que é indispensável conhecer para melhor submeter-se a ele, com a exigência de uma intervenção voluntarista que permite acelerar a história. Os neoliberais, por sua vez, tomam distância quanto ao *laisser-faire* do liberalismo clássico e preconizam uma forma de intervenção estatal, a saber, a supressão sistemática de todo impedimento à concorrência. "A atitude de um liberal em relação à sociedade", escreve Hayek, tecendo uma metáfora que os dirigentes soviéticos não desprezariam, "é como a de um jardineiro que cultiva uma planta e que, para criar as condições mais favoráveis ao crescimento dela, deve conhecer o melhor possível sua estrutura e suas funções"; seu objetivo, é verdade, é diferente: "criar deliberadamente um sistema em que a concorrência exercerá o papel mais benéfico possível".[14] Essa combinação entre a fé cega nas leis da natureza e a história, com a convicção de que é possível atingir todos os objetivos fixados, é característica do cientificismo, comum aos comunistas e aos neoliberais: uma vez que a ciência pode conhecer tudo, a técnica pode fazer tudo. A remodelagem da sociedade é um problema técnico entre outros.

Em si, tal decisão não é realmente surpreendente: como admite Hayek, "todo homem que não é totalmente fatalista é um planista, todo ato político é um ato de planismo".[15] As reformas impostas no fim do século XX por dirigentes políticos como Thatcher, Reagan ou Pinochet, em seus respectivos Estados, aí estão para comprovar essa atitude voluntarista. O mesmo se dá com a famosa "terapia de choque", aplicada nos países do Leste Europeu após a queda do Muro; ou ainda com as intervenções dos Estados ocidentais, por ocasião da crise financeira de 2008-9, na salvação dos bancos privados. Doravante, enquanto os benefícios permanecem individuais, os riscos são socializados. Trata-se aí de um "neoliberalismo de Estado", contradição de termos que faz duvidar da coerência interna do projeto. Constant não tinha previsto que o Estado podia, simultaneamente, reforçar sua ascendência sobre a vida dos indivíduos *e* colocar-se a serviço de alguns deles. Após os atentados de 11 de setembro, os Estados que adotaram essa ideologia, como os Estados Unidos e a Grã-Bretanha, aumentaram seu controle sobre as liberdades civis, enquanto deixavam plena liberdade aos agentes econômicos individuais. A partir desse momento, entramos no *ultraliberalismo*, terceira fase dessa doutrina.

O neoliberalismo também compartilha com o marxismo a convicção segundo a qual a existência social dos homens depende essencialmente da economia. Já não se trata simplesmente de isolar a economia das outras atividades humanas, mas de atribuir-lhe um papel dominante. Tal dominação figura na doutrina marxista, embora a prática dos Estados comunistas não a tenha ilustrado muito. O princípio reaparece entre os teóricos do neoliberalismo, e dessa vez é posto em ação. Não por acaso, a obra máxima do fundador dessa corrente de pensamento, Ludwig von Mises, traz como título *A ação humana* e como subtítulo "Tratado de economia" (1949). Hayek, por sua vez, dispõe-se a criticar o lugar excessivo atribuído às necessidades e às estruturas econômicas no "planismo", escrevendo: "Seres inteligentes jamais se propõem objetivos essencialmente econômicos"; no entanto, é significativo que o único outro objetivo que ele identifica seja "o desejo de facilidades gerais e de poder".[16] E, sobretudo, que esqueça até esse acréscimo minimalista quando se volta para os efeitos da pura economia de mercado: "Os únicos bens que mantêm o conjunto de uma grande sociedade são puramente econômicos", escreve.[17]

A TENTAÇÃO INTEGRISTA

Existe ainda um traço do neoliberalismo que lembra o discurso totalitário: seu radicalismo, assim como o maniqueísmo que o acompanha. Na prática, os seres humanos têm necessidades tanto sociais quanto econômicas, uma existência tanto individual quanto coletiva; os dois pontos de vista se limitam mutuamente e se completam. Mas essa articulação é ignorada pelos doutrinários dos dois lados. Para uns, só é bom o coletivismo; para outros, o individualismo. Sob o regime comunista, a existência individual era inteiramente submetida ao controle da coletividade; na vulgata neoliberal, toda influência da coletividade sobre os desejos individuais é de imediato comparada ao gulag. A sociedade comunista suprimia as liberdades individuais; mas afirmar que "tudo é permitido" para os indivíduos tampouco lhes garante o florescimento.

A autonomia da ação econômica era questionada pelo poder comunista, que privilegiava as opções políticas (o resultado disso era a penúria permanente). No ultraliberalismo, é a autonomia do político que se vê abalada sob pressões vindas de vários lados. Em nossos dias, a globalização, outra característica deste novo período, faz com que os atores da vida econômica escapem facilmente ao controle dos governos locais: ao primeiro impedimento, a empresa multinacional desloca suas fábricas para um país mais acolhedor. Hoje, são os empresários que põem em prática o antigo slogan marxista, impondo a unificação dos proletários de todos os países...

Por conseguinte, a economia, tornada global, já não está submetida ao controle político dos Estados; muito ao contrário, foram os Estados que se colocaram a serviço dela. De fato, estes últimos estão submetidos às agências privadas de classificação de riscos, que orientam suas escolhas, enquanto elas mesmas escapam a qualquer controle político. De democracia, eles já não têm senão o nome — não é mais o povo que detém o poder. Os Estados podem, se necessário, defender suas fronteiras — mas o dinheiro não se detém aí. Graças a esse mercado unificado, um indivíduo ou um grupo de indivíduos, que no entanto não se beneficiam de nenhuma legitimidade política, são capazes, por um simples clique no computador, de transferir seus capitais para outro lugar ou de mantê-los onde estão e, com isso, de mergulhar ou não um país no desemprego e na recessão. Eles podem provocar transtornos sociais ou ajudar a afastá-los. São, portanto, indivíduos dotados de um imenso poder, que não têm de prestar contas a ninguém.

Em cada país, a ideologia ultraliberal tampouco deixa muito espaço para a ação política. O lema universal é: fora do mercado não há salvação. Virando as costas aos equilíbrios que para Adam Smith e seus contemporâneos eram evidentes, eles acossam a menor intervenção do Estado, que ameaçaria "falsear a livre concorrência"; veem nela até mesmo a causa da crise financeira desencadeada em 2007. Ao fazer isso, negligenciam as transformações recentes da economia e esquecem que nem todos os "produtos" são da mesma natureza. A própria lógica do consumo — "sempre mais!" — nunca é questionada. Segundo a nova vulgata, o Estado só deve intervir para favorecer o livre funcionamento da concorrência, lubrificar as engrenagens de um relógio natural (o mercado), aplanar os conflitos sociais e manter a ordem pública: o papel dele seria não o de limitar, mas o de facilitar o poder econômico.

Assim como os outros homens, os dirigentes políticos dos países democráticos não são insensíveis à atração do dinheiro; mas hoje, tranquilizados pela ideologia ultraliberal, colocam-se ainda mais prazerosamente a serviço das forças monetárias, como comprovam diversas peripécias bem conhecidas (na França, diferentes reformas fiscais, o caso Woerth-Bettencourt* etc.). Dessa vez o resultado é, de um lado, a constituição de oligarquias político-econômicas, e, de outro, o isolamento dos perdedores, verdadeiros dejetos do sistema, condenados ao mesmo tempo à pobreza e ao desprezo; eles são a causa de sua infelicidade e, para socorrê-los, não se deve recorrer nem ao Estado nem à solidariedade coletiva. O culto dos super-homens é bem conveniente à lógica ultraliberal.

Essa mudança, em certo sentido, é ainda mais fundamental do que a imposta pela Revolução Francesa. Esta última contentava-se com substituir a soberania do monarca pela do povo; já o ultraliberalismo coloca a soberania das forças econômicas, encarnadas na vontade dos indivíduos, acima da soberania política, seja qual for a sua natureza. Ao fazer isso, infringe — paradoxalmente — o princípio fundador do pensamento liberal, que é a limitação de um poder pelo outro. O liberalismo clássico se baseia na heterogeneidade do corpo social: como o interesse comum nem sempre coincide com os interesses particulares, ele quer limitar a ação da vontade geral pela defesa das liberdades individuais, e reciprocamente. Seu novo avatar quer impedir que a vontade geral limite a ação dos indivíduos e, não reconhecendo a

* Caso de suspeita de evasão fiscal, lavagem de dinheiro e tráfico de influências que envolveu a herdeira do império de cosméticos L'Oréal, Lilliane Bettencourt, e Florence Woerth, ministro do governo Nicolas Sarkozy. (N.E.)

existência de um interesse comum, reduz a sociedade à soma das pessoas que a compõem. Os próprios fundamentos da democracia se veem abalados por isso. Condenamos a justo título os regimes políticos nos quais toda vida social é submetida a uma tutela ideológica: religiosa, como nas teocracias; doutrinal, como no totalitarismo. Mas não parecemos ver nenhum inconveniente numa situação em que o princípio do mercado ilimitado impõe seu reinado exclusivo. Como escreve o comentarista americano Benjamin Barber, "quando se trata dos mercados que são ubíquos, da publicidade que é onipresente e do consumo que compreende uma inescapável *charia* secular à sua maneira, nós chamamos isso de liberdade".[18]

Diante do poder econômico desmesurado dos indivíduos ou dos grupos de indivíduos que dispõem de capitais imensos, muitas vezes o poder político se revela fraco demais. Nos Estados Unidos, em nome da liberdade ilimitada de expressão, a Corte Suprema autorizou o financiamento dos candidatos às eleições pelas empresas; concretamente, isso significa que aqueles que têm mais dinheiro podem impor os candidatos de sua escolha. O presidente do país, seguramente um dos homens mais poderosos do planeta, precisou renunciar a promover uma reforma equitativa dos seguros de saúde, a regulamentar as atividades dos bancos, a diminuir os danos ecológicos causados pelo modo de vida de seus concidadãos... Ora, não é livre o homem doente que não tem os meios para se tratar, o homem posto na rua porque não consegue pagar seu empréstimo bancário. Chega-se então ao paradoxo de que a liberdade individual, em cujo nome é rejeitada qualquer intervenção do Estado, fica impedida pela irrestrita liberdade concedida ao mercado e às empresas.

O ultraliberalismo justifica sua demanda de liberdade ilimitada de empreender, de comercializar e de gerir seus capitais não defendendo o direito ao egoísmo, mas afirmando que essa liberdade é o meio mais eficaz para enriquecer a sociedade em seu conjunto. Opõe-se a toda medida de regulação por parte dos poderes públicos porque, segundo seus partidários, isso empobrecerá toda a população. A experiência confirma essa teoria? Flahault nos convida a refletir sobre dois exemplos. O primeiro é o tráfico de negros entre os séculos XV e XIX. A prática corresponde bem às exigências de eficácia econômica. "Comerciantes europeus levavam mercadorias para os africanos, e em troca estes lhes entregavam outras. Os navios europeus transportavam-nas para o outro lado do Atlântico, onde elas eram revendidas com lucro. Essas mercadorias eram então utilizadas para produzir açúcar destinado a ser revendido na Europa, onde a demanda era forte. Graças a essa divisão internacional do trabalho, fruto do livre jogo da oferta e da procura, os mercadores africanos, os produtores das Antilhas e da América, os financistas, os armadores e os consumidores europeus, todos saíam ganhando."[19]

Contudo, diante desse exemplo, hesitaríamos em afirmar, como faz Milton Friedman, êmulo contemporâneo de Bastiat quanto ao sistema ultraliberal, que ele "traz harmonia e paz ao mundo". Se esse tráfico um dia foi interrompido, não foi sob o efeito da liberdade de que se beneficiavam os agentes do tráfico, mas graças à intervenção, por motivos morais e políticos, de outros agentes da vida social, e, por fim, dos próprios Estados, portanto da vontade geral. A proibição do tráfico assegurou a liberdade dos escravos, a ausência de leis restritivas assegurava a dos comerciantes, que eram também muito mais poderosos do que os escravos.

O segundo exemplo refere-se à ecologia. É pouco verossímil que, sem uma imposição por parte do Estado, os agentes do mercado passem à frente de seus interesses imediatos o cuidado de proteção ao ambiente — tanto mais quando se trata, com frequência, do ambiente de um país longínquo ou de um futuro incerto.

Dispõe-se sobretudo de exemplos opostos, inclusive relativos ao presente do país do empresário. Não somente este último não faz espontaneamente nada para proteger o ambiente, como muitas vezes utiliza seu poder e uma parte de seus ganhos para eliminar todo impedimento à sua ação. Por exemplo, em 2006, na região petrolífera de Alberta, no Canadá, um médico se alarma ao ver a taxa de cânceres aumentar 30%. "Deu-se mal. Santé Canada, o sistema de saúde da administração federal, persegue-o por 'atitude não profissional', que causa 'uma inquietação injustificada'."[20] Podemos perguntar-nos se não houve aí uma intervenção prévia da companhia petrolífera...

Em abril de 2010, explode uma plataforma da empresa BP no golfo do México, provocando a maior maré negra na história dos Estados Unidos; descobre-se nessa ocasião que a comissão governamental que concede as licenças de perfuração e controla as companhias petrolíferas se compõe essencialmente de antigos empregados dessas mesmas companhias! A liberdade ilimitada dos agentes econômicos não garante, é o mínimo que se pode dizer, a proteção ao ambiente, que no entanto é um bem comum. Deixadas sem controle, as companhias petrolíferas escolhem materiais de construção baratos e portanto não muito confiáveis. Não é de espantar: não sendo indivíduos dotados de uma consciência, as empresas não sentem nenhum remorso por se deixarem guiar unicamente pela busca de lucro. A limitação desse apetite só pode provir de uma instância externa à lógica econômica.

O parentesco secreto entre comunismo e neoliberalismo permite compreender melhor a impressionante facilidade com a qual, logo após a queda do Muro, a nova ideologia se instalou no lugar da antiga nos países do Leste Europeu. Neles, o interesse coletivo estava sob suspeita: para esconder suas torpezas, o regime anterior o invocara com tanta frequência que mais ninguém o levava a sério, só se via nele uma máscara hipócrita. Se os únicos motores do comportamento são afinal a busca de lucro e a sede de poder, se o combate impiedoso e a sobrevivência do mais apto são a verdadeira (e dura) lei da existência, mais vale parar de fingir e assumir abertamente a "lei da selva". Os antigos *apparatchiks* comunistas puderam então vestir rapidamente os trajes do ultraliberalismo.

Ao exigir a adesão cega aos seus postulados, apresentados como verdades científicas e não como opções voluntárias por certos valores em detrimento de outros, o ultraliberalismo torna-se por sua vez uma religião secular, aliás difundida às vezes por meio de estratégias de promoção que lembram as utilizadas pelos comunistas. A presença desses traços comuns certamente não basta para fazer do ultraliberalismo um totalitarismo, ainda que *soft*. Mas sugere que os dois não se opõem tão radicalmente quanto o afirmam os defensores de uma e de outra doutrina. O ultraliberalismo não é apenas um inimigo do totalitarismo; é também, ao menos por alguns de seus aspectos, um irmão dele: uma imagem invertida — e no entanto simétrica. Seu projeto nos faz passar de um extremo a outro, de "o Estado é tudo" totalitário ao "o indivíduo é tudo" ultraliberal, de um regime liberticida a outro *sociocida*, digamos assim.

OS PONTOS CEGOS DO NEOLIBERALISMO

Os neoliberais herdaram outra característica dos pensadores revolucionários: o fato de invocar valores abstratos cuja atração universal eles postulam — no caso, a liberdade. Examinando a tendência revolucionária a apregoar valores gerais, Edmund Burke, na época da Revolução Francesa (em 1790), formula suas reservas relativas à liberdade. No entanto, também a invoca; mas, escreve: "Eu não poderia me encarregar de distribuir o louvor ou a crítica a nada do que se relaciona com as ações ou com os assun tos humanos olhando apenas a coisa em si mesma, desprovida de toda relação com o que a rodeia, na nudez e no isolamento de uma abstração metafísica". A política não é tanto uma questão de princípios, mas da aplicação desses princípios. Em uma sociedade específica, a liberdade não é o único valor digno de ser defendido, pois interage com forças diversas e concorre com outras exigências. Além disso, o que é essencial, "quando os homens agem em conjunto, a liberdade torna-se *poder*. Por isso é que as pessoas sensatas só se pronunciarão quando tiverem podido constatar que uso será feito desse *poder*".[21] Por sua vez, o poder deve ser julgado na prática, e não no abstrato. Nem Constant nem Bastiat visam jamais a essa outra face da liberdade: se nada limita minha ação, eu adquiro um poder sempre crescente que se exerce, queira eu ou não, em detrimento dos outros indivíduos ao meu redor. Ao fazer isso, eles esquecem a regra de ouro formulada por Montesquieu para os governos que se pretenderiam moderados: "Todo poder sem limites não pode ser legítimo".[22]

Bastiat, quando afirma que em seu país toda pessoa poderia ter acesso a todas as carreiras, que cada um poderia sempre exercer suas faculdades livremente, imagina homens abstratos, desprovidos de origem, de meio familiar ou de relações sociais, homens que jamais existiram como tais. Não são apenas os socialistas de sua época que se opõem a essa "abstração metafísica" e propõem abandonar a petição de princípio a fim de ajudar os pobres; são também os militantes cristãos, sensíveis à desgraça econômica de seus contemporâneos. O padre dominicano Henri-Dominique Lacordaire apresenta nessa mesma época suas *Conférences de Notre Dame*, que obtêm grande sucesso. Na 52ª conferência, que data de 1848, ele confronta nestes termos a questão das liberdades formais e a das liberdades reais:

"Perguntem ao operário se ele é livre para abandonar o trabalho na aurora do dia que lhe exige o repouso. [...] Perguntem a esses seres emurchecidos que povoam as cidades da indústria se são livres para salvar suas almas aliviando seus corpos. Perguntem às incontáveis vítimas da cupidez pessoal e da cupidez de um patrão se são livres para tornar-se melhores." E conclui com esta frase que se tornou célebre: "Entre o forte e o fraco, entre o rico e o pobre, entre o patrão e o servo, o que escraviza é a liberdade, o que alforria é a lei".[23] A liberdade que os ricos e os fortes reclamam para si é um meio de aumentar seu poder dentro da sociedade. Convém, portanto, como também queria Agostinho, estabelecer um limite para a vontade humana; só que Lacordaire, embora padre, encontra-o não na vontade de Deus, mas na justiça social e nas leis humanas. Eis acolhido o desejo de Burke: o de situar em um contexto a exigência de liberdade.

Outra abstração abusiva consiste em imaginar os seres humanos como indivíduos egoístas, movidos somente por seus interesses materiais (ditos, nessa ocasião, "racionais"). Mas o bem-estar pode decorrer unicamente da satisfação dos desejos de bens materiais e de poder? É como se os partidários do neoliberalismo passassem, sem perceber, da ideia de que "a concorrência é proveitosa à economia" ao princípio segundo o qual "o que é bom para a economia basta à felicidade dos seres humanos". Ao fazerem isso, eles ocultam uma parte imensa da existência humana, aquela que a expressão "vida social" designa sumariamente. Ora, evidentemente é impossível postular uma "natureza humana" associal, ou um indivíduo que, como um animal inferior, fosse reduzido unicamente às suas necessidades vitais.

Na base do pensamento neoliberal encontra-se de fato uma antropologia problemática, que apresenta o homem como um ser autossuficiente, essencialmente solitário, que só pontualmente precisa dos outros seres ao seu redor. Isso contradiz tudo aquilo que a psicologia, a sociologia ou a história, sem falar do simples bom senso, nos ensinam sobre a identidade humana, e que era bem conhecido pelos liberais clássicos, Locke ou Montesquieu, Adam Smith ou Benjamin Constant. Eles não ignoravam que o inter-humano fundamenta o humano. O humanismo, que é a grande tradição intelectual europeia, opõe-se nesse ponto preciso ao individualismo por sua insistência quanto à natureza reciprocamente social dos homens: a relação entre eles precede a construção do eu, o ser humano não pode advir sem o reconhecimento que ele encontra no olhar dos outros ao seu redor. Portanto, o humanismo impõe à autonomia de cada um restrições provenientes de nossa vida necessariamente comum: o indivíduo não é somente a fonte da ação, também deve ser o objetivo dela; a exigência de universalidade deve, por sua vez, limitar o exercício da liberdade. Os princípios de igualdade e de fraternidade não são menos fundadores da democracia do que os da liberdade; se os esquecermos, a ambição de garantir a todos a liberdade está ela mesma condenada ao fracasso.

Nem todos os desejos humanos provêm das necessidades econômicas, tanto quanto a sociedade não se reduz a uma simples coleção de indivíduos, cada um dos quais bastaria a si mesmo. Hayek descarta expressões do tipo "bem comum", "interesse geral" ou "justiça social" como abstrações vazias de sentido — porém, o que é mais abstrato do que os indivíduos que ele evoca, desprovidos de toda dimensão histórica e de todo pertencimento social? A pessoa humana não existe isoladamente, é feita de encontros e intercâmbios passados, de heranças e de empréstimos, assim como de suas interações e dependências presentes. A sociedade imaginada pelos neoliberais assemelha-se a um clube de membros voluntários que poderiam muito bem decidir suspender sua filiação, visto que são autossuficientes. A referência a um pertencimento social e cultural é suprimida, a necessidade de um reconhecimento vindo daqueles entre os quais a pessoa vive é ignorada, a busca do bem coletivo, abandonada — por medo de que levem ao totalitarismo! O elogio ilimitado à liberdade individual acaba criando um ser puramente imaginário, como se o fim último da existência fosse livrar-se, como um Robinson em sua ilha selvagem, de todo vínculo e de toda dependência, em vez de encontrar-se envolvido na densa rede de relações sociais, de amizades e de amores.[24] Renunciando a pôr freios à ação dos indivíduos, os neoliberais enveredam sem retenção pelo caminho traçado outrora por Pelágio.

Na contramão da imagem do homem encontrada na base da doutrina neoliberal, este não é o produto de sua própria vontade, mas sim se constitui, sempre e somente, a partir do meio familiar e social em que nasce. O exemplo mais claro dessa realidade é o da língua, que preexiste a cada indivíduo: se este não fosse imerso desde seus primeiros vagidos em um ambiente de palavras, ficaria condenado a uma condição quase animal. Antes de poder agir sobre o tecido social em que vivemos, cada um de nós foi formado por ele. Evidentemente, a ação desse tecido não se limita à língua; a ela se acrescenta o conjunto de regras e normas que nos permite constituir-nos como membros de um grupo. "A lei faz de cada um de nós um sujeito de direito", escreve o jurista Alain Supiot. "Para ser livre, o sujeito deve primeiro estar ligado por palavras que o vinculam a outros homens."[25] Lacordaire acertou ao dar à lei prioridade sobre a liberdade: o esquecimento da lei deixa o campo livre para o arbítrio do poder.

LIBERDADE E APEGO

Um debate já antigo havia oposto duas concepções do papel do apego que os seres humanos experimentam uns pelos outros. Segundo a doutrina cristã, tal como interpretada por Pascal, "tudo o que nos incita a apegar-nos às criaturas é ruim, pois isso nos impede, ou de servir a Deus, se o conhecemos, ou de buscá-lo, se o ignoramos". O próprio Pascal, no dizer de sua irmã, sabia ser terno e amoroso com seus próximos, mas evitava o apego, do qual fosse ele o sujeito ou o objeto, e até fazia amigáveis reprimendas à sua irmã, nesse aspecto menos perfeita do que ele, a qual se deixava levar por sentimentos humanos, demasiado humanos, pelo irmão. "É injusto que a pessoa se apegue, ainda que o faça com prazer e voluntariamente. Eu estaria enganando aqueles nos quais fizesse nascer esse desejo, pois não sou o fim de ninguém e não tenho como satisfazê-los."[26]

Segundo a doutrina humanista, encarnada por Rousseau, o homem é, sim, um fim legítimo do homem e, longe de ser uma atitude lamentável, o apego é inerente à condição humana. Sem dúvida, escreve Rousseau, "todo apego é um sinal de insuficiência: se cada um de nós não tivesse nenhuma necessidade dos outros, nem pensaria em unir-se a eles". Mas somos assim: nascemos na insuficiência, morremos na insuficiência, sempre movidos pela necessidade que temos dos outros, em busca do complemento que nos falta. É por chegar à existência com uma insuficiência congênita que o ser humano tem necessidade dos outros, necessidade de ser considerado, e também "necessidade de vincular seu coração".[27] Ora, todo vínculo restringe a liberdade.

Essa valorização do apego em um mundo que já não conta com uma relação privilegiada com Deus não significa por isso que convém aceitar passivamente, e até glorificar, todos os vínculos impostos ao indivíduo desde a infância, tornar obrigatória a solidariedade com a família, o clã, a etnia, a raça... As relações mais preciosas, já dizia Montaigne, são as que dependem "de nossa escolha e liberdade voluntária".[28] Mas como se pôde imaginar que o ideal de uma vida realizada fosse a "independência" total, isto é, a ausência de toda obrigação e de todo apego, em relação não só a Deus mas também aos homens? Por isso é que a liberdade ilimitada não pode ser um ideal da existência humana — tanto quanto não é o seu ponto de partida.

Em um escrito político, Benjamin Constant afirmava: "A independência individual é a primeira das necessidades modernas". Em seu romance *Adolphe*, o personagem principal constata, por sua vez: "Como faltava ao meu coração, aquela dependência que tantas vezes me revoltara! [...] Eu estava de fato livre, não era mais amado: era um estranho para todo mundo".[29] Essa contradição, ou pelo menos essa tensão, atravessa toda a sua obra: enquanto seus textos políticos e críticos defendem ardentemente a ideia do indivíduo autônomo, sua antropologia, que encontramos em suas ficções, em seus escritos íntimos ou em sua grande obra sobre a religião, apresenta outra ideia do ser humano. Este nasce no seio da sociedade, que portanto o precede: "O próprio desenvolvimento da inteligência não é senão o resultado da sociedade"; sua identidade é, por essência, relacional: o homem tem sempre "uma necessidade de apego em seu coração", e "tudo depende da situação recíproca na vida".[30] E, se fosse preciso buscar um ideal para o qual tenda a vida privada, este seria o amor, bem mais do que a liberdade. Como escreve Constant em carta a uma amiga: "Uma palavra, um olhar, um aperto de mão sempre me pareceram preferíveis a toda a razão, assim como a todos os tronos da terra".[31]

5. Os efeitos do neoliberalismo

A CULPA É DA CIÊNCIA?

Eu gostaria agora de passar mais rapidamente em revista alguns aspectos inquietantes da vida contemporânea das democracias. Embora não decorram diretamente da ideologia neoliberal, eles ganham uma importância nova no quadro imposto por essa doutrina. Os fatos, em si mesmos, são conhecidos; o que nos ocupará aqui é seu sentido global.

Uma ilustração inesperada dos perigos criados pela lógica neoliberal foi o acidente ocorrido na central nuclear de Fukushima, no Japão, em março de 2011. À primeira vista, essa catástrofe, tal como outras que a precederam, constituía um exemplo dos riscos trazidos pela atitude pelagiana, adotada por grande parte da humanidade desde o Iluminismo: simplesmente, é muito tentador apoiar-se nas descobertas feitas pela ciência no mundo material para pedir-lhe que facilite a realização de todos os nossos desejos. Esperava-se que os progressos do espírito científico, explorados pela sociedade industrial, trouxessem prosperidade e conforto a todos. Tal aspiração, portanto, participava da *húbris*, ou descomedimento, e aparentava-se com o messianismo político que, na mesma época, queria levar aos povos longínquos os supostos benefícios da civilização europeia. Pois bem, após a euforia do século XIX, foi preciso render-se à evidência: os progressos da tecnologia não trazem benefícios uniformemente; às vezes, são até fonte de novas ameaças.

O campo da fissão nuclear é o exemplo mais claro dessa deriva que espreita a humanidade. Os físicos que, no período entre as duas guerras mundiais, haviam contribuído para penetrar os segredos da matéria, viram-se confrontados com um grande dilema moral quando, em 1945, os efeitos de sua descoberta permitiram, pela ação de uma só bomba atômica, aniquilar em poucos segundos várias centenas de milhares de vidas humanas. Com tal resultado, podiam-se comemorar os progressos da ciência, ou acreditar que eles sempre contribuem para o progresso da humanidade? A situação se agravou ainda mais quando as catástrofes resultaram já não de uma explosão provocada deliberadamente, mas de um empreendimento pacífico, destinado a servir ao bem-estar comum: as centrais nucleares civis. Os acidentes de Three Mile Island, em 1979, de Chernobyl, em 1986, e de Fukushima, em 2011, demonstraram que a exploração pacífica do átomo acarreta riscos impossíveis de prever ou controlar.

Conhecem-se os resultados imediatos deste último acidente: centenas de quilômetros quadrados daquele país superpovoado tornaram-se inabitáveis, o mar e sua fauna estão contaminados, isso sem falar das pessoas que trabalhavam ou moravam na área. E mais: se os ventos tivessem soprado na direção ruim, se as correntes oceânicas tivessem se orientado diferentemente, os resultados teriam sido bem piores. As consequências indiretas da catástrofe são incalculáveis: vão desde a mudança dos hábitos alimentares no Japão (os alimentos naturais, peixes, vegetais, tornaram-se as primeiras fontes de perigo) até a mudança radical da política energética de outros países, atual caso da Alemanha, que decidiu fechar suas centrais nucleares. Mas isso não encerra o debate, pois os alemães devem substituí-las por outras fontes de energia que ameaçam ser mais poluentes e degradar um pouco mais o clima do planeta...

Evidentemente, a exploração da energia nuclear não é o primeiro exemplo de um avanço técnico cuja utilização comporta riscos antes desconhecidos. Afinal, quando entraram numa embarcação que lhes permitiu atravessar o mar, os homens correram o perigo de se afogar se a embarcação naufragasse. Dá-se o mesmo com todos aqueles que, hoje, tomam um avião sem refletir: a técnica pode trair, como já se viu, e as chances de sobrevivência são nulas. Mas, naquela época anterior, as pessoas só corriam riscos individualmente. O que é grave no caso das centrais nucleares (ou, aliás, no das bombas do mesmo nome) é que elas desencadeiam um processo impossível de deter: a radiatividade liberada durará 24 mil anos, o que equivale a dizer: para sempre. Os riscos que eu assumo hoje, portanto, concernirão a oitocentas gerações dos meus descendentes! E concernem também, como se viu com Chernobyl, aos habitantes de outros países além daqueles que decidiram explorar a energia nuclear.

Outra fonte de energia da qual se fala cada vez mais frequentemente apresenta o caso análogo de um mal que resulta de um bem deliberadamente escolhido: o gás de xisto, que é encontrado em camadas muito profundas do subsolo e que pode ser trazido à superfície mediante explosões subterrâneas. Nos lugares onde essa exploração começou, os habitantes reclamam que a água da torneira tornou-se imbebível, pois os lençóis freáticos estão contaminados. Como os rejeitos são estocados na superfície, o ar e a terra podem, por sua vez, tornar-se fonte de perigo. Esses elementos cuja presença parecia assegurada para sempre — água, ar, terra — revelam-se vulneráveis, tão grande é a potência de que os seres humanos dispõem hoje. Sem falar dos efeitos indiretos, como a desvalorização das casas situadas nas zonas contaminadas, casas nas quais foram investidas as economias de uma vida, ou mesmo as de várias gerações.

São incontáveis as áreas em que as inovações tecnológicas se revelam ao mesmo tempo promissoras e ameaçadoras. Ao intervir no interior da estrutura das plantas, e não mais, como desde a época neolítica, no ambiente delas ou em sua seleção, obtêm-se organismos geneticamente modificados (OGM), que permitem melhorar as colheitas e livrar-se dos insetos nocivos; mas, ao subverter assim o equilíbrio das espécies, resultado de adaptações que levaram milênios, corre-se o risco de provocar novas catástrofes. Perspectivas simultaneamente aliciantes e assustadoras se abrem graças à manipulação genética do embrião humano, que possibilita escolher o sexo de um filho ou o grau de inteligência desejado. As nanotecnologias facilitarão a produção de homens e mulheres biônicos, de performances inéditas. Temos certeza de que isso seja um bem? Equipamentos que permanecem externos ao organismo humano nem por isso agem menos sobre ele: os telefones celulares provocam, ao que parece, tumores no cérebro; a interação prolongada com os computadores influi seguramente sobre o comportamento social de seus usuários...

O conjunto dessas mutações já provocou reações fortes. Poderíamos dizer que a importância assumida pelos temas ecológicos no debate público está diretamente ligada a isso. Voltaram a ser atuais a figura do aprendiz de feiticeiro que desencadeia forças incontroláveis, a do cientista Frankenstein cuja criatura escapa ao seu criador, ou, nos filmes de ficção científica, a dos robôs que se revoltam contra seus senhores. O sociólogo alemão Ulrich Beck sugeriu, nos anos 80 do século XX, que as sociedades ocidentais haviam deixado a "primeira modernidade", na qual se esperava da ciência e da técnica que contribuíssem para a prosperidade e o progresso, e entrado em uma "segunda modernidade", ou "sociedade do risco", na qual essas mesmas atividades são percebidas como fontes de perigo. Os auxiliares dos homens tornam-se seus piores inimigos. Antes, o mal vinha da natureza, a vontade humana apoiada na ciência era fonte de salvação; hoje dá-se o contrário: a ciência é percebida como um risco, e é a natureza que traz a esperança. Devemos concluir daí que percorremos um círculo completo, e que Pelágio deve novamente apagar-se diante de Agostinho, com a diferença de que, no lugar da vontade, vem agora a natureza, e não mais a graça?

Contudo, não podemos responsabilizar por catástrofes como a de Fukushima, ou por outras derivas, a vontade humana em geral, aquela que procura responder melhor às necessidades do homem, ou ainda os progressos da ciência. Gestos mais específicos exerceram aqui um papel determinante. Fukushima se produziu depois de um terremoto e do tsunami que o acompanhou. Ora, essa central fora construída em um determinado lugar — à beira-mar, numa zona altamente sísmica, não longe das grandes cidades — por mais comodidade e, em última análise, porque essa solução era a mais rentável para aqueles que asseguravam sua exploração. A explosão não foi o efeito de uma catástrofe natural, mas do conluio entre operadores privados e burocratas governamentais. A extração do gás de xisto rende muito àqueles que a praticam; eles preferem comprar os responsáveis políticos e indenizar os habitantes, em vez de pensar nos efeitos a longo prazo de sua ação. O mesmo ocorre quanto aos outros abusos tecnológicos: o que motiva o uso imediato e imoderado das novas tecnologias não é a aspiração ao conhecimento, mas o desejo de enriquecer, sem preocupar-se com as consequências sobre os outros seres humanos, presentes ou vindouros. E não é somente a cupidez que faz agir assim: os responsáveis por essas escolhas são igualmente ofuscados pela vertigem do poder, pelo orgulho que extraem do fato de controlar as alavancas de uma tal potência, e portanto de decidir sobre o futuro de uma população numerosa.

Para lutar contra os efeitos nefastos dessas práticas, o conhecimento científico permanece indispensável. Cabe-lhe demonstrar quais são as consequências temíveis do aquecimento climático e quais as suas causas. Cabe-lhe também descobrir os efeitos, desejáveis ou indesejáveis, dos OGM. Não se substituirá a ciência pela natureza, mas uma ciência má por outra, que lhe seja superior: a primeira não se preocupa com o impacto de suas descobertas além do aqui e agora; a segunda leva em conta a duração do tempo e a extensão do espaço, as gerações futuras e os vizinhos que habitam ao lado. A catástrofe de Fukushima e outras semelhantes não se devem à aspiração humana por viver melhor, nem à de conhecer os segredos da matéria, mas à lógica neoliberal que encara a humanidade como uma massa indiferenciada de indivíduos, eles mesmos reduzidos unicamente aos próprios interesses econômicos.

A solução não cabe à natureza, mas à vontade comum de nos proteger contra as derivas das vontades individuais. Assim como o pesadelo totalitário não compromete a ação coletiva, a bomba de Hiroshima e a explosão de Fukushima não tornam suspeito o trabalho de conhecimento, mas sim nos obrigam a ampliar-lhe a moldura. O que também pode ser entendido num sentido literal: a potência tecnológica humana é tal que seus efeitos não se detêm na fronteira de um pequeno país: eles atuam em escala continental. Um acidente numa central nuclear francesa concerne diretamente à população alemã, assim como um aquecimento climático que fosse provocado pela indústria alemã teria consequências para os habitantes da França. A nuvem de Chernobyl atravessou sem impedimento todas as fronteiras europeias. A vontade coletiva que orienta as decisões para o amanhã também deve situar-se nessa escala continental.

O esquecimento da dimensão social, constitutiva de cada ser humano, não é apenas um erro intelectual. Existe um perigo real no fato de adotar-se, com base nessa imagem mutilada daquilo que fundamenta nossa humanidade, uma política cujos efeitos seriam igualmente mutilantes. Observemos aqui alguns exemplos.

A tradição ocidental distingue dois grandes tipos de vínculos sociais que produzem relações de obrigação, segundo sejam regidos por uma *lei* ou por um *contrato*. Em todos os casos, podem-se identificar três instâncias: de saída, um *eu* e um *você*, dois parceiros que entram em interação — o vendedor e o comprador, o senhor e o escravo, o professor e o aluno; em seguida, um *eles*, o terceiro impessoal, que garante a validade dos compromissos assumidos. Mas esse terceiro não exerce o mesmo papel nos dois casos. Como lembra Supiot, entendem-se por lei "os textos e as palavras que se impõem a nós independentemente de nossa vontade", ao passo que o contrato se refere "àqueles que provêm de um livre acordo com outrem".[1] No caso da lei, o terceiro fixa o conteúdo mesmo da obrigação: aquilo que é proibido, ou permitido, ou imposto, e ao mesmo tempo a necessidade de submeter-se a isso. No do contrato, as partes estabelecem livremente o conteúdo, enquanto o terceiro se limita a caucionar a validade do que foi pactuado: se os envolvidos não mantiverem a palavra, caem sob o âmbito da lei. Esta traduz a vontade do povo, aquele repousa sobre a liberdade dos indivíduos.

Tal distinção consagra o fato de que certas normas e valores não resultam da negociação entre indivíduos, já que foram decididas anteriormente, antes mesmo de que eles viessem ao mundo, e independentemente de sua vontade. Coisa que, por sua vez, nos recorda que a sociedade não se resume à soma dos indivíduos que fazem parte dela, contrariamente ao que dava a entender a frase frequentemente citada da ex-primeira-ministra britânica, a ultraliberal Margaret Thatcher: "A sociedade não existe". Por essa razão, temos não só direitos provenientes de nosso pertencimento ao gênero humano — aquilo que denominamos direitos humanos —, como também (e sobretudo) direitos e deveres oriundos de nosso pertencimento a uma sociedade específica.

Nas sociedades pré-modernas, o papel de fiador de toda obrigação é desempenhado pelas tradições, e eventualmente pelo deus ou pelos deuses. Em boa parte das sociedades humanas, produziu-se uma grande mudança: doravante esse papel é confiado à própria sociedade (ou ao "povo"), que escolhe soberanamente a ordem que a governa; na prática, tal papel é reservado ao Estado. A confiança que atribuímos ao Estado (por exemplo, no valor fixo da moeda, ou na possibilidade mesma de recorrer à lei) não é mais racional do que a crença em Deus; ela nos é imposta pela necessidade: para que a sociedade funcione, todos devem crer que alguém garante as regras segundo as quais se vive. Se o terceiro, que é o fiador, viesse a desaparecer, seríamos reconduzidos ao reino animal, àquilo que denominamos impropriamente a "lei da selva", estado no qual somente a força importa. O regime totalitário é aquele que mais se aproxima disso: nele, o chefe do Estado não se sente obrigado nem pelas leis nem por suas próprias promessas, o que importa é unicamente sua vontade, tal como se manifesta no momento presente. Se a barbárie é definida como a recusa a considerar que os outros são seres humanos semelhantes a nós, pode-se ver nesse mundo regido somente pelo poder uma encarnação bastante perfeita da barbárie.

Toda sociedade conhece esses dois tipos de relação, regidos ou pela lei impessoal ou pelo contrato entre particulares, mas não os encontramos por toda parte nas mesmas proporções. Nas sociedades tradicionais, o âmbito da lei é bem mais restrito. As dimensões do grupo são limitadas, todo mundo conhece todo mundo, as pessoas negociam entre si a solução do conflito. Existe um "preço do sangue": no caso de um homicídio, não há uma queixa à justiça, mas em compensação obtêm-se duas vacas ou dez cordeiros... Evidentemente, essa negociação torna-se impossível nas sociedades complexas e extensas que são os grandes Estados modernos: assim como a moeda comum e impessoal substitui o escambo entre vizinhos, a lei abstrata exerce o papel assumido pelos acordos entre habitantes do mesmo vilarejo.

Esse contraste entre sociedades não desapareceu do mundo contemporâneo. Durante minha adolescência na Bulgária, eu sentia uma constante irritação diante da incerteza que rodeava a aplicação da lei. Em parte por tradição "oriental", em parte para escapar aos rigores do Estado totalitário, os búlgaros pareciam tentados pela negociação perpétua: a pessoa nunca sabia a que devia se ater. O funcionário rabugento podia ficar sorridente se você soubesse lhe passar furtivamente uma propina. Os obstáculos administrativos podiam ser contornados se você tivesse um parente, ou amigo de amigo, que dissesse uma palavrinha à pessoa apropriada. Tudo isso era cansativo e frustrante. Que alívio eu senti quando vim morar na França, onde a vida se desenrolava segundo regras fixas e conhecidas por todos. É verdade que, em contraposição, as relações humanas eram mais distantes e frias, mas eu me adaptava a isso. Ao cabo de alguns anos, descobri, porém, que o contraste era menos forte do que eu imaginara. Na ocasião, tão simbólica, da apresentação de meu pedido de naturalização, recebi a visita de dois desconhecidos, os quais me explicaram que trabalhavam na chefatura de polícia: queriam oferecer-se, contra remuneração, para agilizar meu processo... Então, os costumes búlgaros não eram desconhecidos na França! Só que essas práticas (que eu queria acreditar marginais) intervinham numa sociedade dominada pela lei, e portanto não permitiam aproximar os indivíduos entre si, nem introduzir mais calor humano — muito pelo contrário.

Em nível totalmente diferente, de algumas décadas para cá se observa nas democracias ocidentais uma mudança que consiste em ampliar o âmbito dos contratos e em diminuir o das leis, o que significa ao mesmo tempo: restringir o poder do povo e dar livre curso à vontade dos indivíduos. Essa mutação se manifesta em particular no mundo do trabalho, no qual os patrões se queixam frequentemente da pletora de regulamentos que travam sua liberdade de ação; eles prefeririam negociar diretamente um contrato com seus empregados. A prática se estende também à justiça: quando se causa um dano a alguém, torna-se possível escapar à condenação se o indivíduo preferir remediar o prejuízo, indenizar a pessoa lesada. É verdade que dessa maneira consegue-se desobstruir os tribunais, sobrecarregados de trabalho. Mas um delito não prejudica somente uma pessoa, ele também constitui uma torção na regra de vida comum, um rasgão no tecido social, e essa degradação não é consertada pela indenização. Aquele que é capaz de reembolsar escapa a toda punição, basta que pague a louça quebrada. Somente os pobres vão parar na cadeia.

Essa mutação foi grandemente acelerada pela globalização da economia. Idealmente, esta não depende de nenhum Estado nem de nenhuma legislação, e portanto utiliza exclusivamente os contratos. Pouco lhe importam os países: ela lida, sempre e unicamente, com indivíduos, todos semelhantes, todos movidos pelos mesmos interesses materiais. Contudo, é gritante a desproporção entre o poder de um parceiro e o do outro: a poderosa multinacional e o desempregado em busca de trabalho não entram em absoluto na mesma categoria. No lugar do Deus-fiador, já não se encontra o Estado, mas o mercado, isto é, o modo de troca, que se torna seu próprio fundamento. As frases de Lacordaire reencontram aqui toda a sua pertinência.

Uma evolução comparável pode ser observada no mundo do trabalho. Os atos realizados, quer seja para produzir bens, quer para proporcionar serviços, trazem àqueles que os executam uma contrapartida. Esta, é claro, comporta uma remuneração, mas também uma contribuição — não formalizada, mas não menos importante — para o seu equilíbrio psíquico e social. Mesmo quem trabalha sozinho, artesão ou artista, beneficia-se da consciência de ter sido útil; mesmo aquele que em seu trabalho não lida diretamente com pessoas, se conseguir executar corretamente sua tarefa, encontra gratificação no trabalho bem-feito: uma parede aprumada, uma porta que se fecha como deve, um carro que volta a funcionar. Esse sentimento se reforça quando, como na grande maioria dos casos, a pessoa participa de um trabalho coletivo, em uma empresa ou na administração pública. Nelas, o indivíduo faz parte de uma comunidade, o reconhecimento dos colegas revigora seu sentimento de existir. Tais momentos vividos em comum não são simplesmente agradáveis (quando o são...), mas também necessários à construção da identidade. A empresa não os produz mecanicamente (não se comanda o bom humor), mas pode assegurar as condições objetivas nas quais o enriquecimento e o desenvolvimento da pessoa têm uma oportunidade para se produzir.

A antropologia subjacente à doutrina neoliberal — segundo a qual a economia domina a vida social e a rentabilidade material domina a economia — exerce forte influência sobre o mundo do trabalho. Esta concerne tanto ao lugar *do* trabalho entre as outras atividades humanas quanto ao lugar, *dentro* do trabalho, dos benefícios simbólicos dos quais acabamos de falar. A exigência nova de impor mais "flexibilidade" e "mobilidade" ao pessoal da empresa é um bom exemplo das perturbações sofridas pelo próprio trabalho. Para obter uma produtividade melhor, para que as rotinas e os estereótipos não se enraízem, com frequência mudam-se os empregados de função (flexibilidade) ou de local de trabalho (mobilidade). Pensa-se que, assim, eles trabalharão melhor: eles mesmos podem ser tentados por uma remuneração mais alta. Tais noções se tornaram, ademais, uma marca de modernidade e de eficácia, oposta ao passadismo ou ao conservantismo ambientes; portanto, as pessoas se submetem a tais medidas sem interrogar-se sobre o custo global delas. Assim, na France Télécom, centenas de profissionais mudam de posto a cada seis meses. Resultado: a exigência de flexibilidade faz esquecer a de competência, adquirida no decorrer de uma longa prática.

Um dos efeitos da flexibilidade é que a rede social constituída dia após dia fica enfraquecida, e com isso a própria identidade do indivíduo. Esquece-se que um trabalho não é somente uma tarefa abstrata a cumprir, mas também um meio vivo, feito de relações humanas, de ritos comuns, de obrigações e de proibições. Os efeitos da mobilidade, que aliás trazem com frequência duros golpes à vida familiar, são mais devastadores ainda. Resultado: na mesma empresa France Télécom contaram-se 25 suicídios em vinte meses, sem falar das depressões e de outras afecções. Vê-se então como é simplista e desnorteante o slogan "trabalhar mais para ganhar mais" lançado pelo presidente francês: ganhar mais é bom, mas, se for ao preço de uma vida familiar arruinada, de um sentimento de perda de sentido no trabalho, de uma falta de reconhecimento, pode-se duvidar de que valha a pena.

Vai na mesma direção a exigência de privilegiar o trabalho sobre todas as outras atividades da pessoa. O "bom" empregado, que receberá uma promoção, é o que se dispõe a sacrificar suas noites para participar de reuniões urgentes, ou seus fins de semana em casa para preparar a documentação do dia seguinte. Sua vida de família é forçosamente prejudicada. Os dois genitores, mas sobretudo os pais, quando têm postos de responsabilidade, só veem os filhos nas manhãs de domingo, o que apresenta um problema para a carreira profissional das mulheres, menos prontas a sacrificar a vida familiar. No entanto, certas feministas as encorajam nesse caminho. Uma jornalista alemã que exerceu altas responsabilidades se interroga sobre as razões pelas quais tão poucas empresas de seu país incluem mulheres em seu quadro de direção, e fica desolada ao constatar: "Mesmo as que são diplomadas e se dizem emancipadas escolhem, por conforto, adequar-se ao modelo de dona de casa, ocupar-se dos filhos".[2]

Tal afirmação subentende que a mulher que sacrifica uma parte da carreira para enriquecer sua vida por outras formas de crescimento não é verdadeiramente emancipada, isto é, livre. Portanto, projeta-se sobre as mulheres um modelo masculino já obsoleto, e até caricato, no qual só importa o sucesso profissional, no qual a liberdade é concebida como uma ausência de apegos, como uma vida afetiva deserta. As mulheres só podem escolher permanecer em casa por preguiça e desânimo, e não porque consideram que a relação com os filhos é um enriquecimento da vida. Enfim, o espantalho da "dona de casa" aí está para estigmatizar o fato de "ocupar-se dos filhos": como se esta última atividade fosse uma condenação à reclusão, e como se se tratasse de um "ou isto ou aquilo" excludente — ao passo que, hoje, a maioria das mulheres aspira *tanto* a trabalhar *quanto* a conviver com os filhos. Em vez de estigmatizar as mulheres por algo que, na realidade, é uma sabedoria, seria preferível, parece-me, reprovar os homens por não as imitarem, reduzindo um pouco as reuniões noturnas e a preparação de documentos em casa, para consagrar-se mais à interação com os filhos, experiência de uma riqueza excepcional.

Pode-se também constatar, nesse âmbito, como é pernicioso outro slogan da moda, segundo o qual convém "gerir o Estado como se fosse uma empresa". Entende-se daí que os diferentes serviços devem ser tratados unicamente na perspectiva da rentabilidade material. Já vimos que essa é apenas uma das vertentes da empresa, sendo a outra os benefícios simbólicos obtidos pelos que nela trabalham. Além disso, porém, o Estado não é exatamente um guichê de serviços; ele tem um poder simbólico próprio, visto que ocupa o lugar de Deus — não, é verdade, como objeto de culto, mas como fiador da legalidade e da palavra dada. É ele, igualmente, que garante a continuidade no seio de uma sociedade: os homens passam, o Estado permanece; é ele que pode preocupar-se com o futuro mais longínquo e com os valores imateriais. Para além de suas funções de regulamentação e de redistribuição, o Estado dá à vida comum uma moldura que permite situar nossas ações cotidianas umas em relação às outras. Mesmo que tenham toda a boa vontade do mundo, as agências privadas, às quais o Estado às vezes delega suas funções de serviço social ou de ajuda no emprego, não podem assumir esse papel simbólico e trazer esse acréscimo de sentido. O objetivo do Estado não é a rentabilidade, mas o bem-estar da população. Essa diferença nos fins visados concerne tanto às administrações quanto às instituições como a escola ou o hospital.

TÉCNICAS DE MANAGEMENT

O termo "management", introduzido no vocabulário francês há algumas décadas, designa em geral o conjunto das técnicas de organização e de gestão de uma empresa, destinadas a torná-la mais eficaz. Porém, no mundo neoliberal de hoje, essa palavra se aplica sobretudo a determinadas técnicas, que orientam o organismo em questão num sentido bem preciso. Enumero esquematicamente algumas delas.[3]

A. *Fragmentação das tarefas*

Essa prática se tornou célebre desde o início do século XX, que assistiu ao desenvolvimento de técnicas destinadas a melhorar o desempenho no trabalho; as palavras que a designam são *taylorismo* e *fordismo*. Uma análise "científica" dos gestos necessários à realização de uma tarefa identifica os movimentos constitutivos do ato e seu encadeamento ideal, o que permite aumentar o rendimento e, portanto, o lucro. Pois bem, doravante já não se trata de gestos mecânicos, como os que Carlitos imortalizou em *Tempos modernos*: hoje, as tarefas são imateriais. Identificam-se as características de cada ato, especificando seu número: as sete dimensões deste aqui, as nove etapas daquele lá, os quarenta parâmetros de um outro. Cada um desses aspectos é apresentado como uma entidade indivisível, elementar, e tende-se a lhe dar uma forma padronizada. O benefício desse uso é duplo: conquanto o recorte em questão seja arbitrário, ou mesmo fantasista, podem-se ticar sucessivamente as rubricas, portanto obter um quadro "objetivo" de cada desempenho; e, graças a essa aparência impessoal, proclamar o caráter científico da operação.

As técnicas adotadas outrora nas fábricas são estendidas hoje ao trabalho burocrático. Meio por acaso, tomei conhecimento das práticas de management na administração de uma grande coletividade local, situada no centro da França. Embora se trate de um serviço público, essa administração é gerida como uma empresa, isto é, avaliada pela escala de satisfação dos clientes — pois, se os clientes não estiverem contentes, a empresa corre perigo! Para isso, ela solicita quatro *certificações* junto a organismos internacionais de normatização, uma espécie de condensado das exigências habituais dos clientes, que abrangem: 1) a qualidade do ato produzido; 2) a saúde e a segurança dos participantes; 3) o meio ambiente; 4) a ética. Cada empregado deve zelar pela conformidade de seu trabalho às certificações subscritas por seu empregador e anotar os resultados em quadros de conjunto. Além disso, cada certificação é controlada por outro empregado, que tem unicamente essa função ("sr. Qualidade", "sra. Meio Ambiente", "srta. Ética"), e esses "referentes de qualidade" são, por sua vez, enquadrados por dois subdiretores, outros empregos de tempo integral. A conformidade do trabalho realizado às certificações é finalmente avaliada, a intervalos regulares, por um organismo externo, um banco de negócios ou um conselho de auditoria.

A essa organização global acrescenta-se um conjunto de *valores*, para os quais se espera a adesão de todos os empregados, e que painéis dispostos por toda parte, nos espaços comuns, lembram oportunamente: 1) qualidade do serviço prestado; 2) respeito pela pessoa; 3) exemplaridade; 4) envolvimento. Transgredir esses valores acarreta uma anomalia — que a pessoa tem a obrigação moral de notar. Por fim, às certificações e aos valores se acrescentam os *objetivos* fixados para cada empregado, por exemplo: 1) entregar a documentação nos prazos estabelecidos; 2) encaminhar os pedidos de financiamento nos prazos estabelecidos. Ao mesmo tempo, as pessoas são incitadas a atribuir-se objetivos suplementares. Se cumprirem totalmente seus objetivos, podem pleitear, no fim do ano, um prêmio de excelência...

Essa fragmentação parece às vezes inspirada pelos jogos eletrônicos (ou pelos computadores), nos quais toda complexidade é reduzida a uma série de escolhas às quais se deve responder sim ou não. Se a operação tiver êxito, pode-se imaginar que o ser humano será proximamente substituído por uma máquina, tal como o foi quando efetuava gestos puramente mecânicos, fáceis de reproduzir, como no pedágio das rodovias. Só que se trata, aqui, de algo bem diferente de um trabalho manual: se existe taylorização, ela concerne aos movimentos da mente, não aos do corpo. Como especificam as instruções que acompanham cada certificação, esta fixa as exigências, mas não a maneira de satisfazê-las, deixando portanto "bastante latitude e maleabilidade para a realização". O efeito global produzido por essa técnica é a mecanização das operações mentais: já não se tem necessidade de pensar, basta adequar-se a um ritual. Sua racionalidade de conjunto se torna incompreensível para os executantes de base.

B. *Objetividade dos resultados*

Essa segunda característica se apoia na primeira: pela fragmentação das tarefas, chega-se a eliminar todo vestígio de um julgamento subjetivo. Por essa razão, a relação direta de superior para subordinado, de professor para aluno, tende a ser substituída pelo emprego de testes nos quais se pode ticar a opção certa e pelas respostas a formulários. Esta última palavra indica bem o objetivo visado, o de impor uma grade uniforme a todas as experiências. Aliás, de tanto preencherem formulários, os professores já não têm tempo para ocupar-se individualmente dos alunos, e as enfermeiras, dos doentes. O contato de pessoa para pessoa é substituído por um trabalho solitário; no lugar da interpretação, entra a descrição impessoal. É como se o encontro físico entre dois indivíduos contivesse uma espécie de ameaça, pois nunca se sabe exatamente o que pode resultar daí; é o que o filósofo americano Matthew Crawford, em uma obra instrutiva sobre o sentido do trabalho, designa como "a desconfiança em relação ao arbitrário".[4] A ameaça é eliminada aqui, mas também o é, por conseguinte, todo o benefício para a construção da identidade que cada um podia extrair do encontro. Privados de identidade por essa redução das condutas a elementos cifrados, os seres humanos são desumanizados. Eles pedem sentido, mas a resposta é em cifras. Precisam de um reconhecimento pessoal, mas são reduzidos a documentos formalizados.

C. *Programação das mentes*

À programação "natural", inscrita em nossos genes, os homens acrescentam uma programação "artificial", ou antes social. Aqui, igualmente, a metáfora do computador nos serve. Pode-se dizer também que "à normatização dos atos, que caracterizava o esquema taylorista, segue-se a normatização das pessoas",[5] o que às vezes é denominado *toyotismo*, do nome da fábrica japonesa de automóveis onde a técnica foi elaborada pela primeira vez. Transpõe-se então uma etapa: a preocupação já não é com o *savoir-faire*, a aptidão dos executantes, mas com seu *savoir-être*, o saber ser; não se mobilizam somente suas competências, mas toda a personalidade. A fronteira entre vida profissional e vida privada tende a se diluir.

Se se consegue formatar ou programar as pessoas, não é necessário preocupar-se em seguida com cada um dos seus gestos; o que se visa já não é seu comportamento, mas seu cérebro, que saberá gerir todos os seus comportamentos. Por conseguinte, pede-se a cada empregado um compromisso bem mais completo — de sua mente, e não apenas de seu corpo; trata-se, contudo, de uma mente privada de toda iniciativa, fechada em uma moldura estreita. O indivíduo deve tornar-se já não uma engrenagem na máquina, mas o elo de um circuito. A mente de cada um é encarada como algo semelhante a um computador bem programado, torna-se a interface entre duas máquinas, às vezes bastante literalmente. Em certas empresas, o responsável acompanha numa tela a chegada dos dados registrados (por exemplo, a curva das vendas) e escreve em outra tela as medidas que consequentemente se impõem (reforçar tal produção, reduzir tal outra). Tem-se a impressão de que, daqui a pouco, até essa mínima intervenção humana já não será necessária.

O modelo inconsciente da desumanização que opera aqui é

o da *máquina*, ainda que se trate de uma máquina muito aperfeiçoada, à diferença das desumanizações às quais o totalitarismo nos havia habituado: os nazistas reduziam suas vítimas a sub-homens, ou mesmo a animais, usando-as como cobaias para experiências médicas; os comunistas tratavam as suas como escravos, fazendo-as trabalhar até o esgotamento. Mas tais práticas podem também superpor-se uma à outra, já que o resultado final é o mesmo (que ninguém se espante ao saber que Stálin se incluía entre os admiradores de Taylor).

O toyotismo condiciona os indivíduos, mas não os priva de vontade: não busca torná-los robôs (à maneira dos personagens de Chaplin). Cada um deve primeiro interiorizar os objetivos da empresa e, em vez de contentar-se com obedecer às ordens, ser capaz de tomar iniciativas para enfrentar situações imprevistas; isso dá aos agentes da empresa a impressão de assumir verdadeiras responsabilidades. Esse modo indireto de gerir seus atos às vezes é denominado "governança", "uma técnica de normatização dos comportamentos":[6] não regras fixas, mas um condicionamento que deve produzir os resultados esperados.

D. *Dissimulação das hierarquias*

No entanto, apesar dessa aparência de autonomia maior de cada agente, apesar do discurso aliviante sobre a ausência de hierarquias impostas, os participantes da ação não dispõem de verdadeira liberdade: seus desejos foram programados, eles falam agora como máquinas. Na realidade, foram envolvidos em uma situação típica de dupla coação: justamente quando as cartas estão marcadas, são obrigados a ser livres — a imposição é a de que se comportem de maneira autônoma. A coação é invisível, pois cada um foi persuadido de que agir assim é de seu interesse. A autodisciplina substitui os métodos rústicos de outrora. Cada um é seu próprio patrão, mas as instruções são comuns a todos. As injunções já não são formuladas por chefes brutais, mas por organismos desprovidos de poder coercitivo: escritórios de aconselhamento, de formação, de auditoria. A lei está ausente, mas a pressão sobre cada participante é tanto mais forte quanto mais insidiosa, no limite imposto por ele mesmo e por sua consciência bem programada. Os chefes já não dão ordens, mas o empregado é julgado ao mesmo tempo do alto (a direção), de lado (os colegas) e de baixo (os usuários, os clientes). De todo modo, as decisões às quais se obedece não são apresentadas como o produto de uma vontade, mas como impostas pela razão, pela própria natureza das coisas, pelas leis da economia, pelas circunstâncias específicas de cada situação.

Ao mesmo tempo que degradam a existência social e psíquica daqueles a quem se aplicam, as técnicas de management só melhoram marginalmente o desempenho das empresas. Transpostas para o mundo da administração pública, essas técnicas não têm uma eficácia superior. As raras vantagens obtidas são contrabalançadas pelas novas despesas que acarretam: seis postos de gerência e de controle, no organismo do qual eu falava; a isso se acrescentam os custos de expertise pagos à instância de avaliação externa. Preencher formulários e tabelas ocupa uma parte não desprezível do tempo de trabalho. Percebe-se então que a imposição dessas técnicas, que evidentemente não é geral mas constitui uma tendência importante no mundo atual do trabalho, não provém realmente de uma preocupação de eficácia ou de rentabilidade. Sua razão de existir é de natureza ideológica: elas visam, nos termos de Saint-Simon, substituir o governo dos homens pela administração das coisas, eliminar as incertezas inerentes à atividade humana autônoma.

É como se, nesses estabelecimentos públicos ou privados, as pessoas preferissem transformar em regras explícitas aquilo que um ser humano normal executa por si mesmo. Em sua vida precedente, esse empregado extraía uma satisfação pessoal do trabalho bem-feito, procurava não pôr em risco sua saúde nem a segurança dos vizinhos, não degradar o meio ambiente nem acompanhar seus atos profissionais com duvidosas brincadeiras de caráter sexista ou racista... Ele até tentava concluir sua tarefa no prazo. A explicitação e a codificação de seus gestos privam-no de sua autonomia e o reduzem ao papel de um elemento num circuito. O jargão utilizado tem por efeito global mascarar a realidade em vez de revelá-la, um pouco à maneira das frases empoladas e ocas dos burocratas soviéticos de antigamente. Essa "normatização" é ao mesmo tempo uma desumanização.

Em nossos dias, costuma-se evocar os crimes contra a humanidade como o grau superior na escala criminal. As práticas de desumanização que se espalham pelo mundo do trabalho são, sem dúvida, infinitamente menos espetaculares, não resultam em pilhas de cadáveres. No entanto, são muito mais frequentes do que esses crimes e tendem insidiosamente a paralisar a própria humanidade daqueles a quem elas concernem, obstruindo sua necessidade de liberdade, de relação imediata com outrem, de preocupação com o bem comum.

Várias reações se manifestaram diante dessa evolução e de suas consequências particularmente dolorosas, como os suicídios na France Télécom. Os partidários incondicionais do neoliberalismo veem nisso uma razão a mais para condenar o Estado-providência: este viciou seus cidadãos, tornando-os inaptos para a flexibilidade; é por causa de seu estatuto de eternos assistidos que eles são tão vulneráveis diante do mar aberto. Que se degustem de novo as delícias do nomadismo! Os defensores das interpretações psicológicas apresentaram a noção de assédio: tudo resulta do erro de superiores hierárquicos que cedem ao prazer perverso de humilhar e perseguir seus subordinados; o remédio consiste numa legislação mais precisa, que codifique as relações humanas no mundo do trabalho: é preciso que os assediadores possam ser perseguidos. Podemos perguntar-nos se o problema, em vez de psicológico, não tem a ver com a própria organização do trabalho e, por trás dela, com a ideologia neoliberal que a fundamenta.

Uma empresa que não dá lucro termina rapidamente em falência. Portanto, não se trata de abandonar a rentabilidade em favor do enriquecimento interior de seu pessoal, mas de encontrar o melhor equilíbrio entre as duas coisas, até porque, do ponto de vista econômico, um ambiente social melhor é benéfico para a empresa. Mas o Estado, por intermédio de sua legislação, também tem um papel a exercer, pois é o único a poder agir em nome de outra lógica, aquela que leva em conta tanto o longo prazo quanto os recursos naturais do país, a saúde dos habitantes ou a necessidade de investir na educação. Hoje, na Europa, o único quadro de intervenção eficaz seria teoricamente o da União Europeia. Sem isso, as empresas "virtuosas" de um país pereceriam diante da concorrência daquelas que, em outro, buscassem exclusivamente o lucro imediato. Quanto às empresas dos outros continentes, um protecionismo europeu moderado e nuançado parece indispensável, se se quiser defender não só as fábricas, mas também um modo de vida considerado precioso. Sabe-se, porém, que, nesse particular, por enquanto a prática está muito distante da teoria...

O enfraquecimento do âmbito da lei, a perda de sentido no mundo do trabalho, a desumanização dos seres não se explicam pela conspiração de alguns conjurados, os manitus do grande capital, embora, forçosamente, os que se beneficiam materialmente dele façam o que está ao seu alcance para reforçar essas mutações. O mesmo deve ser dito quanto às novas técnicas de management e de governança. O conjunto dessas mudanças é o efeito de uma evolução da sociedade que não foi desencadeada por um sujeito individual consciente. Em contraposição, está claro que, sem ser uma consequência mecânica da ideologia neoliberal, tais mudanças foram possibilitadas por ela, e a favorecem de volta. Essas transformações parecem lógicas num mundo caracterizado pelo esquecimento dos fins (o desenvolvimento dos seres, uma vida rica em sentido e em beleza) e pela sacralização dos meios: uma economia próspera, sem que as pessoas se perguntem se ela serve bem à sua sociedade, e que reduz as empresas unicamente ao seu valor na Bolsa.

O PODER DAS MÍDIAS

Chego agora a uma última forma de tirania dos indivíduos, já não econômica, mas social. Em sua enumeração dos poderes no seio do Estado, os quais convém separar para que se limitem mutuamente, Montesquieu só inclui três, segundo uma divisão já tradicional: o Legislativo, o Executivo e o Judiciário. Nas sociedades democráticas modernas, criamos o hábito de acrescentar-lhes outras duas formas de poder: o econômico e o midiático. Resta-me, portanto, dizer algumas palavras sobre este último.

Às vezes a liberdade de expressão é apresentada não como um valor entre outros, mas como o próprio fundamento de toda democracia. Por ocasião de um episódio que foi muito comentado, primeiro na Dinamarca e em seguida no mundo inteiro, o das caricaturas do profeta Maomé, pudemos ler que esse era o "principal valor dinamarquês". Deve-se, em tal caso, rejeitar qualquer limitação?[7]

A liberdade de expressão como necessidade surge claramente quando pensamos no cidadão isolado, maltratado pela administração, diante do qual todas as portas se fecham e a quem só resta um recurso: tornar pública a injustiça de que é vítima, levando-a, por exemplo, ao conhecimento dos leitores de um jornal. Mas, ao defini-la assim, simplificamos demais nossa tarefa. Imaginemos, em vez disso, que a palavra aspirante à liberdade de expressão seja a do antissemita Drumont, ou que envolva uma propaganda odienta, ou que consista em difundir informações mentirosas. Pensemos também não no indivíduo isolado, mas no grupo de mídias que possui redes de televisão, estações de rádio, jornais, o qual pode fazê-las dizer o que ele deseja. Que essas mídias escapem ao controle governamental é sem dúvida uma boa coisa; mas que sua ação seja inteiramente benéfica parece mais duvidoso.

A liberdade de expressão certamente tem seu lugar entre os valores democráticos, mas é difícil imaginar como se poderia fazer dela o fundamento comum desses valores. Tal liberdade representa uma exigência de tolerância integral (nada do que se diz pode ser declarado intolerável), e portanto um relativismo generalizado de todos os valores: "Eu reclamo o direito de defender publicamente qualquer opinião, assim como o de denegrir qualquer ideal". Ora, cada sociedade precisa de uma base de valores compartilhados: substituí-los por "eu tenho o direito de dizer tudo o que quiser" não basta para fundamentar uma vida em comum. Evidentemente, o direito de subtrair-se a certas regras não pode ser a única regra a organizar a vida de uma coletividade! "É proibido proibir" é uma bela frase, mas nenhuma sociedade pode limitar-se a ela.

Ao lado da liberdade de escolha que ele proporciona aos seus cidadãos, o Estado tem (ou deveria ter) outros objetivos: proteger-lhes a vida, a integridade física e os bens, combater as discriminações, atuar levando em conta a justiça, a paz e o bem-estar comuns, defender a dignidade de todos. Por esse motivo, como Burke já sabia bem, a palavra ou as outras formas de expressão sofrem restrições, impostas em razão dos outros valores aos quais a sociedade adere.

Se levarmos a sério essas reservas quanto ao caráter absoluto da liberdade de expressão, estaremos obrigados a ir até o outro extremo e exigir que a lei, ou o poder público, controle tudo? Estaremos condenados a escolher entre caos libertário e ordem dogmática? Não creio. Trata-se antes de afirmar que a liberdade de expressão deve ser sempre relativa — às circunstâncias, à maneira de expressar-se, à identidade daquele que se expressa e daquele que descreve seu propósito. A exigência de liberdade só ganha sentido em um contexto — e os contextos variam enormemente.

Por quais meios alguém se exprime? Não encaramos com as mesmas exigências um livro, que é preciso comprar e ler (ações raras e difíceis!), e um artigo de jornal ou uma intervenção televisiva; uma publicação satírica e um cotidiano respeitado por sua seriedade; um programa marginal que passa na tevê a cabo e o jornal das vinte horas. Um pequeno incidente ilustra essa diferença em relação à imagem: um museu da fotografia, em Charleroi, na Bélgica, organizou no outono de 2006 a exposição de um fotógrafo japonês cuja especialidade é mostrar mulheres nuas amarradas. A exposição é anunciada por um grande painel na fachada do museu. Alguns habitantes da cidade protestam, o diretor do museu declara que vai resistir e que os censores não passarão. Ora, a disparidade entre as duas situações, as fotos dentro da galeria e as fotos exibidas na rua em um cartaz, é clara: entrar numa galeria implica uma escolha voluntária; já para ver o cartaz, basta passar por aquele bairro. Quanto ao conteúdo desse exercício da liberdade de expressão, imaginemos por um instante que, no lugar das mulheres, apareça outra categoria da espécie humana visualmente distinta, negros, por exemplo; um cavalheiro bem poderia confessar sua irresistível pulsão de fotografar negros nus e amarrados, sua exposição poderia não suscitar o mesmo entusiasmo. Destaquemos enfim este paradoxo: são mulheres atadas que ilustram a reivindicação de liberdade...

Como alguém se exprime? Os debates ou as publicações científicas deveriam escapar a todo controle: tanto porque essa é a condição de uma busca pela verdade (se correr o risco de ser punida pelos resultados que encontra, a pessoa acaba pesquisando mal) quanto porque esses conceitos têm pouco impacto direto sobre o público. Portanto, é possível opor-se às leis memoriais, que sacralizam certos fatos do passado, e não se proibirão por princípio as pesquisas sobre os fundamentos biológicos da desigualdade entre raças ou entre sexos (em contraposição, elas podem ser rejeitadas para publicação por um redator-chefe, em virtude de nulidade científica — não existe aí nenhuma proibição).

A situação do artista é diferente. As democracias liberais contemporâneas consideram que a criação artística exige liberdade absoluta — o que, provavelmente, é uma postura excessiva, uma vez que postula uma ruptura brutal entre arte e não arte. Ou então, implica uma singular desvalorização da arte: decide-se de antemão que as obras de arte, independentemente de seu conteúdo, não incidirão sobre a vida da sociedade. Paradoxalmente, os regimes totalitários, que proibiam certos pintores e queimavam os livros de certos escritores, demonstravam um respeito bem maior pela ação deles. O secretário do Partido Comunista soviético, Suslov, convocou Vassili Grossman após tomar conhecimento de *Vida e destino* em manuscrito. Ele considerava o livro perigoso para o regime político: "Por que acrescentaríamos o livro do senhor às bombas atômicas que nossos adversários preparam contra nós?".[8] Não temos saudade dessa época e de suas interdições: mas, sem instituir nenhuma censura, não é legítimo debater publicamente o possível impacto político de um livro ou de uma imagem sobre a mente dos leitores ou dos espectadores?

À parte esses dois casos específicos, a ciência e a arte, resta perguntar sobre a liberdade de que gozam os discursos políticos, que convocam mais diretamente a uma ação; é a isso que se referem, por exemplo, as leis contra a incitação ao ódio racial ou à violência.

O elemento contextual mais importante concerne à identidade daquele que reclama a liberdade de expressão e à daquele que é objeto dela; o que importa em primeiro lugar é a extensão de poder de que um e outro dispõem. Não basta ter o direito de expressar-se, pois além disso é preciso dispor dessa possibilidade: na ausência desta, tal "liberdade" não passa de uma palavra oca. Nem todas as informações, nem todas as opiniões são aceitas com a mesma facilidade nas grandes mídias do país. Pois bem, a livre expressão dos poderosos pode ter consequências funestas para os sem-voz. Se alguém dispõe da liberdade de afirmar que todos os árabes são islamitas inassimiláveis e todos os negros, traficantes de drogas, estes têm prejudicada a liberdade de encontrar trabalho, ou mesmo de caminhar pela rua sem ser controlados.

Esse problema não é novo, já fora identificado na época da democracia grega. Nesse tipo de regime, é a maioria que decide sobre o caminho a seguir nos assuntos comuns; mas a maioria dos cidadãos não é necessariamente esclarecida: cada um tem suas próprias preocupações, não conhece bem os assuntos comuns, os quais, aliás, muitas vezes são bastante complexos; portanto, escuta de bom grado os conselhos dos mais competentes. Ora, parecem-lhe competentes não necessariamente os detentores de um saber superior, mas os que falam de maneira sedutora, os senhores do discurso: os sofistas. A democracia é constantemente ameaçada pela demagogia, o bem-falante pode obter a convicção (e o voto) da maioria, em detrimento de um conselheiro mais razoável, porém menos eloquente.

Essa ameaça de demagogia, já presente na Antiguidade, viu-se exacerbada na modernidade graças à onipresença das mídias de massa: imprensa, rádio, televisão e atualmente a internet. A pulsão de impor-se pela habilidade de manipular palavras e imagens não mudou desde aqueles tempos longínquos, mas o instrumento posto a serviço dela é hoje infinitamente mais poderoso. Desse ponto de vista, com as mídias dá-se o mesmo que com os armamentos: nossa ferocidade não aumentou, mas nossa capacidade de destruir vidas e construções é infinitamente superior à dos romanos ou à dos bárbaros do Norte. O movimento se acelera sob nossos olhos: às armas nucleares, de um lado, correspondem, de outro, as mensagens planetárias, recebidas por toda parte nos segundos subsequentes à emissão. No período de um século, tal mudança foi mais importante do que nos dois mil anos anteriores. Até então só era possível dirigir-se aos ouvintes reunidos numa sala ou em praça pública, ou ainda — melhoria sensível — aos leitores da imprensa. Hoje a informação se dirige tanto aos eruditos quanto aos iletrados, de todas as condições, de todos os países, e ainda por cima é instantânea. Sem dúvida suas fontes são múltiplas, mas isso não significa que todas as fontes dispõem do mesmo poder.

Acreditamos tomar sozinhos nossas decisões; mas se todas as grandes mídias, desde a manhã até a noite e dia após dia, nos enviam a mesma mensagem, a margem de liberdade de que dispomos para formar nossas opiniões fica muito restrita. Nossos imperativos de ação se baseiam nas informações que temos sobre o mundo: ora, tais informações, supondo-se até que não sejam falsas, foram selecionadas, triadas, agrupadas, construídas em mensagens verbais ou visuais para conduzir-nos a tal decisão em vez de a outra. No entanto, os órgãos de informação não exprimem a vontade coletiva, e ainda bem: o indivíduo deve poder julgar por si mesmo, e não sob a pressão de decisões provenientes do Estado. Só que, nas atuais circunstâncias, ele corre o risco de receber uma informação tão uniformizada quanto se proviesse do Estado, mas decidida por um só indivíduo, ou por um grupo de indivíduos. Hoje, é possível — se a pessoa tiver muito dinheiro — comprar uma emissora de tevê, ou cinco, ou dez, mais estações de rádio, mais jornais, e fazer todas essas mídias dizerem o que se deseja, para que, por sua vez, os consumidores, leitores, ouvintes e espectadores pensem o que se espera que eles pensem.

Claro, o magnata das mídias também deve preocupar-se com a rentabilidade de seu império, não pode limitar-se unicamente à difusão de propaganda; mas nada o impede de, habilmente, misturar a esta última outros conteúdos vendáveis (escândalos, sexo, violência). De qualquer modo, o resultado final é que ele já não tenta persuadir, mas manipular; e já não se trata de uma democracia, mas de uma plutocracia: não é mais o povo quem tem o poder, é simplesmente o dinheiro. O indivíduo poderoso tem toda a possibilidade de impor sua vontade à maioria.

Darei um exemplo extraído da atualidade. O jornal *News of the World*, semanário sensacionalista que era publicado em Londres e que pertencia ao império midiático de Rupert Murdoch (fechou suas portas em julho de 2011), provocou um escândalo com seus métodos de investigação e foi objeto de uma investigação policial. Nessa ocasião, soube-se até que ponto o poder político e o poder midiático estavam entrelaçados. O atual chefe do governo britânico, David Cameron, passava suas férias no iate de Murdoch; seu diretor de comunicação é o ex-redator-chefe do jornal incriminado hoje. O tabloide pagou dezenas de milhares de libras esterlinas aos policiais da Scotland Yard, o que lhe garantiu o acesso a informações confidenciais, mas também certa proteção por suas investigações no limite da legalidade. Nas eleições, todas as mídias do grupo, que também possui emissoras de televisão, concentraram seus tiros sobre adversários trabalhistas; a vitória do campo conservador foi-lhes grandemente devedora. O que não impediu Murdoch de ter, em outro momento, boas relações com o governo do trabalhista Blair, cuja cruzada antiterrorista ele aprovava, a ponto de ter sido qualificado publicamente como "24º membro do governo". Seus numerosos serviços foram recompensados por diversos favores outorgados pelo poder político.

O mesmo império midiático exerce um papel de primeiro plano na vida política dos Estados Unidos, através de uma cadeia de televisão como a Fox News. Outro exemplo é fornecido pela extraordinária influência exercida hoje pela cadeia de televisão qatariana Al-Jazira sobre a evolução política dos países árabes. Ela não se limita a proporcionar uma rica informação: esta é orientada em função da linha política que a cadeia decidiu promover. Desse modo, a queda dos autocratas árabes lhe deve muito, mas a emissora jamais critica as instâncias religiosas muçulmanas, tampouco a Arábia Saudita.

A palavra pública, um poder entre outros, deve às vezes ser limitada. Onde encontrar o critério que permita distinguir as boas limitações das más? Entre outras coisas, na relação de poder entre aquele que fala e aquele de quem se fala. Não se tem o mesmo mérito, segundo se ataquem os poderosos do dia ou se designe ao ressentimento popular um bode expiatório. Um órgão de imprensa é infinitamente mais fraco do que o Estado, portanto não há nenhum motivo para limitar sua liberdade de expressão quando ele o critica. Quando, na França, o site Mediapart revela um conluio entre potências financeiras e responsáveis políticos, seu gesto não tem nada de "fascista", digam o que disserem os que se sentem atingidos. Em contraposição, um órgão de imprensa é mais poderoso do que um indivíduo e, quando envereda pelo "linchamento midiático", comete um abuso de poder. Ao funcionar como contrapoder, a liberdade de expressão é preciosa. Já como poder, ela deve, por sua vez, ser limitada.

Percebeu-se que, nos países onde as mídias públicas são controladas pelo Estado, novas tecnologias abriam uma oportunidade de informar-se — graças à conexão às redes sociais que escapam a todo controle centralizado. Por causa do Facebook e do Twitter, a informação pode circular na China, esquivando-se ao controle do Bureau Político. Nos países árabes do Oriente Próximo e do Oriente Médio, em 2011, essa mesma forma de difusão de notícias possibilitou revoltas políticas. Cada indivíduo visto isoladamente é impotente, mas o compartilhamento das informações permitiu derrubar governos repressivos: não há aqui nenhum abuso de poder. Em outras circunstâncias, porém, o mesmo instrumento pode servir à submissão: se todos os membros da rede repercutirem docilmente a opinião de uma figura dominante, o resultado é um fortalecimento do conformismo, e não uma emancipação diante das ideias preconcebidas. O que era meio de libertação nas mãos dos dominados torna-se meio de submissão nas dos dominantes.

Em outubro de 2010, um conjunto de documentos foi divulgado por uma fonte que não depende do governo norte-americano: a equipe do WikiLeaks. Por esse site, soube-se como, durante a ocupação do Iraque, as violências de todo tipo — homicídios, estupros, torturas, trotes — foram cotidianas e como suscitaram poucas reações por parte das autoridades civis e militares norte-americanas, que no entanto não as ignoravam. O governo norte-americano reagiu a essas revelações de maneira singular: concentrou todos os seus esforços em descobrir a origem dos vazamentos e a identidade dos que os difundiram, a fim de levá-los à justiça. O soldado Bradley Manning, suposta fonte, foi detido e tratado como criminoso perigoso, à maneira dos terroristas presos em Guantánamo: sofreu insistentes perseguições, humilhações, tortura psicológica. Em contraposição, não foi proferida nenhuma palavra de pesar pelos atos criminosos cometidos pelas forças de ocupação; nenhum de seus responsáveis foi posto sob acusação após as revelações. Contrariamente ao que se disse nessa ocasião, os "vazamentos" do WikiLeaks não tinham nada de "totalitário": os regimes comunistas tornavam transparente a vida de frágeis indivíduos, não a do Estado.

Os defensores da liberdade de expressão ilimitada ignoram essa distinção elementar entre poderosos e impotentes, o que lhes permite cobrir-se de louros. O editor do jornal dinamarquês *Jyllands-Posten*, que em 2005 havia publicado o conjunto das caricaturas de Maomé, volta ao assunto cinco anos depois e se compara modestamente aos heréticos da Idade Média queimados na fogueira, ao Voltaire demolidor da Igreja todo-poderosa, aos oponentes de Hitler entre as duas guerras ou aos dissidentes reprimidos pelo poder soviético. Decididamente, a figura da vítima exerce hoje uma atração irresistível. Ao fazer isso, o jornalista se esquece de que os corajosos praticantes da liberdade de expressão lutavam contra os detentores do poder espiritual e temporal de sua época, ao passo que ele defendia uma posição favorecida pelo aval do governo de seu país e pelo da maioria da população; e de que o alvo dos ataques do jornal não era a força dominante do país, mas uma minoria discriminada.

Estabelecer limites à liberdade de expressão não significa solicitar a instauração da censura. Trata-se antes de apelar para a responsabilidade dos que têm o poder de difundir informações e opiniões. Responsabilidade que aumenta com o poder de que se dispõe, e que deveria suscitar um comedimento proporcional. Sobre um livro que vende 5 mil exemplares pesam menos constrições do que sobre um jornal lido por 500 mil leitores ou sobre uma rede de televisão à qual assistem 5 milhões de espectadores. Pela mesma razão, um membro do governo, e sobretudo seu chefe, deve pesar suas palavras mais do que o líder de um partido já conhecido por suas posições discriminatórias e xenófobas. Aqui, a regra parece ser: a liberdade de expressão deve sofrer tanto menos exceções quanto mais fraco for o poder de que se dispõe, pois constitui então um contrapoder; deve ser examinada tanto mais atentamente quanto maior for a posição de força já ocupada pelos que a invocam, pois nesse caso ela ameaça acarretar um abuso de poder.

OS LIMITES DA LIBERDADE

Messianismo político e neoliberalismo têm relação, à primeira vista, com duas tendências opostas: o primeiro comprova a capacidade de intervenção do Estado; o segundo, o seu progressivo apagamento. É como se a força de um viesse compensar, ou dissimular, a fraqueza do outro: à marcha triunfal dos exércitos no estrangeiro opõe-se a impotência do Estado em seu próprio território. Tem-se a impressão de que, para o presidente americano Obama, é bem mais fácil bombardear a Líbia do que fazer aceitar uma melhoria do sistema de seguridade social em seu país.

Contudo, esses dois desvios do espírito democrático (a partir de princípios que no entanto lhe são próprios) têm também um fundamento comum: uma concepção de que o homem é dotado, sempre e por toda parte, dos mesmos direitos; além disso, ambos participam da herança pelagiana ao não impor nenhum limite à sua ação, quer se trate daquela dos Estados, quer daquela dos indivíduos. Assim é que o messianismo político se conjuga sem dificuldade com a doutrina neoliberal, como ilustrava a já citada brochura da Casa Branca, que lançava as bases para a intervenção no Iraque: os direitos humanos a justificavam ao mesmo título de "livre empresa". Ora, assim como é preciso refrear o messianismo político, que traz desolação em vez do florescimento prometido, é preciso dar limites à liberdade dos indivíduos.

O princípio democrático recomenda que todos os poderes sejam limitados: não só os dos Estados, mas também os dos indivíduos, inclusive quando vestem os ouropéis da liberdade. A liberdade que as galinhas têm de atacar a raposa é uma piada, pois elas não têm capacidade para isso; a liberdade da raposa é perigosa porque ela é a mais forte. Através das leis e das normas que estabelece, o povo soberano tem de fato o direito de restringir a liberdade de todos, porque ela pode tornar-se uma ameaça. A tirania dos indivíduos é certamente menos sanguinária do que a dos Estados; mas é também um obstáculo a uma vida comum satisfatória. Nada nos obriga a limitar-nos à escolha entre "o Estado é tudo" e "o indivíduo é tudo": precisamos defender os dois, Estado e indivíduo, cada um limitando os abusos do outro.

É indispensável levar em conta, hoje, o importante aumento do poder dos indivíduos. O terrorismo fornece um exemplo extremo disso. Os progressos tecnológicos tornam acessível aos grupos de particulares a fabricação de armas perigosas. Antes, somente um Estado, e dos mais poderosos, podia organizar uma ação tão complexa quanto as explosões de Nova York, Istambul ou Madri; pois bem, elas foram obra de algumas dezenas de pessoas. Mesmo que tal comparação pareça forçada, o que é necessário para controlar os indivíduos terroristas — isto é, um Estado eficaz — revela-se igualmente necessário para conter a ação de indivíduos hiperpoderosos em outras áreas, como a economia ou as mídias. É preciso que a sociedade assegure a pluralidade da informação mais vigorosamente do que o faz hoje; uma situação em que o chefe do governo é ao mesmo tempo o proprietário de numerosas mídias, como na Itália, não deveria ser permitida. O mesmo se dá com a globalização: a economia prospera quando os capitais circulam e as trocas se multiplicam, mas a economia não é o sentido último da vida humana. É à sociedade em seu conjunto que cabe submetê-la às exigências políticas e sociais, decididas em comum. Não se trata de impedir a globalização, mas de prevenir seus efeitos perversos. Desse ponto de vista, pode-se observar um certo paralelismo entre a defesa dos direitos humanos e a economia de mercado: ambas são necessárias, ao mesmo tempo que devem ser equilibradas por outras formas de intervenção.

Por definição, nenhuma sociedade organizada atribui liberdade ilimitada aos seus habitantes, visto que adota um corpo de leis. O país que se situaria mais perto desse extremo seria aquele onde reinasse a anarquia total (aliás, aqui o verbo "reinar" não é adequado: justamente, nada reinaria ali!), mas por acaso ele existiu algum dia? Tal seria o caso de um país arrasado pela guerra civil, e portanto pela derrocada de todos os poderes centrais. Quando Benjamin Constant escreve, no fim da vida: "Defendi por quarenta anos o mesmo princípio, liberdade em tudo, na religião, na filosofia, na literatura, na indústria, na política; e, por liberdade, entendo o triunfo da individualidade",[9] sua posição teórica beira o ideal anarquista; mas ele evita incluir nesse "tudo" o âmbito da justiça ou o da defesa nacional. No outro extremo desse *continuum* encontram-se os regimes repressivos e coercitivos tanto na área dos costumes e comportamentos quanto na da atividade econômica, regimes autoritários, ou mesmo totalitários. Mas neles, como no caso da liberdade para os anarquistas, as proibições não podem ser integrais, do contrário toda a vida se deteria. Aqui como lá, trata-se mais de uma ideia reguladora do que de uma realidade.

Já os regimes moderados operam sempre uma divisão entre liberdades e coerções, a qual, aliás, fornece uma chave para identificar, entre eles, os que se inclinam para a esquerda e os que se reconhecem na direita. De fato, para os primeiros, é preciso atribuir uma liberdade máxima aos comportamentos; a censura, os tabus, a própria moral não são bem-vindos. Em contraposição, as liberdades econômicas devem ser restringidas pela intervenção do Estado. Para os segundos, ocorre o contrário: conservadores, de bom grado, no plano dos costumes, os governos de direita preferem conceder plena liberdade às atividades econômicas individuais; é também o que a doutrina neoliberal preconiza. A esquerda é favorável à livre circulação de pessoas; a direita, à dos capitais. Mas, significativamente, nem uma nem outra reclamam simultaneamente as duas, como se as proibições em um plano fossem necessárias para compensar as liberdades no outro. Essa abordagem diferenciada também cria dificuldades para os que a praticam: nem sempre eles têm facilidade de justificar a ausência de liberdades em um âmbito, enquanto se fazem promotores delas no âmbito vizinho.

A experiência dos países comunistas demonstrou que uma economia inteiramente controlada pelo Estado provoca estagnação e penúria. A recente crise bancária e financeira que atingiu os países ocidentais forneceu a ilustração de uma verdade complementar: entregue a si mesmo, o mercado não produz o bem-estar comum. Não se pode contar com ele para regular os preços, graças ao livre jogo da concorrência: isso corresponde a esquecer as diferenças de natureza entre os bens trocados, produtos do trabalho ou da especulação, assim como entre as motivações que impelem os seres humanos, das mais racionais às mais loucas. Nem por isso o Estado tem de substituir os agentes econômicos. Sua intervenção situa-se em outro plano: enquadrar a prática deles por uma regulamentação apropriada e, pela redistribuição, assegurar o equilíbrio da vida comum. O Estado também pode favorecer projetos a longo prazo, cujo interesse imediato os particulares não percebem, já que os frutos de tais projetos só beneficiarão seus filhos ou seus netos — caso das medidas ecológicas.

A doutrina comunista interpreta a existência humana como

uma luta de classes inevitável e impiedosa, cujo resultado, inscrito nas leis da história, será a sociedade sem classes e o desenvolvimento de todos. A doutrina liberal contesta a primeira afirmação, pois postula a harmonia dos interesses em vez do conflito, mas adere à segunda, já que por sua vez conta com as leis naturais do mercado. A vontade coletiva, de um lado, e as vontades individuais, do outro, contribuem para a realização desses desígnios inscritos no programa, sem que lhes seja oposto nenhum limite interior. Se escolhermos abandonar essas visões providencialistas da história, poderemos encorajar a liberdade das vontades, como queria Pelágio, impondo-lhes ao mesmo tempo um limite, como fazia Agostinho; só que esse limite já não resulta da fatalidade do pecado original, mas do interesse comum, próprio da sociedade na qual se vive. É hora de abandonar a alternativa estéril entre tudo ou nada.

6. Populismo e xenofobia

A ASCENSÃO DOS POPULISMOS

O povo é soberano, tal é o primeiro princípio da democracia. Porém, como o progresso, como a liberdade, pode tornar-se fonte de ameaça para ela. É o que a oposição corrente entre povo e populacho, democracia e populismo, nos revela. De que se trata? Comecemos por traçar um panorama.

Ao longo das últimas décadas, observa-se na Europa um fenômeno político novo: o fortalecimento dos partidos populistas. A transformação da paisagem política se acelerou a partir do fim da Guerra Fria, como se a vida pública de um país precisasse de um adversário que lhe servisse de contraste, e, após o desaparecimento do rival comunista, a população devesse fixar seus medos, suas inquietações ou suas rejeições em outro grupo qualquer. Serão os estrangeiros, sobretudo se forem muçulmanos, a provocar impulsos de xenofobia e islamofobia. O imigrado, personagem multiforme, veio ocupar o lugar da ameaça ideológica anterior.

Lembremos rapidamente alguns exemplos desse processo que atingiu quase todos os países da União Europeia.

Nos Países Baixos, um populista inflamado, Pim Fortuyn, publicou um panfleto intitulado *Contra a islamização de nossa cultura* e fundou um partido para defender suas ideias. Após seu assassinato (por um jovem holandês), em 2002, esse partido obteve 17% das cadeiras de deputados no Parlamento. Segundo uma sondagem efetuada entre os holandeses após a morte de Fortuyn, ele era considerado o homem mais importante da história do país, à frente de Rembrandt e Spinoza. Alguns anos mais tarde, em 2007, impôs-se um novo tribuno, Geert Wilders, que produziu um filme de propaganda anti-islâmica e reivindicou a proibição do Corão. Desde 2010, seu partido está associado ao governo do país sem participar dele: se fosse privada de seu apoio, a direita tradicional não disporia de maioria no Parlamento.

Desse ponto de vista, a situação dos Países Baixos se assemelha à da Dinamarca, onde o governo de direita se mantém no poder graças ao apoio externo do Partido do Povo Dinamarquês, dirigido por Pia Kjærsgaard — um partido que reivindica "a Dinamarca para os dinamarqueses" e descreve o islã como um câncer. Na Bélgica, enquanto isso, o líder do partido Vlaams Belang (Interesse Flamengo) declara: "O islã é o inimigo número um não só da Europa, mas de todo o mundo". Esse tipo de declaração não deixa de ter efeitos sobre os comportamentos cotidianos. Quero recordar um pequeno episódio ocorrido numa prisão do bairro de Forest, em Bruxelas, quando agentes de polícia substituíam os guardas penitenciários, em greve naquele dia. "Em 30 de outubro, quatro ou cinco policiais encapuzados pegaram um detido, levaram-no para a solitária e o forçaram a se despir, antes de lhe espancar as costas e os testículos. O prisioneiro foi então obrigado a recitar: 'O profeta Maomé é um pedófilo' e 'Minha mãe é uma puta', detalha o relatório da comissão de vigilância."[1] A imprensa flamenga do país fala de uma "Abu Ghraib em Forest": o exemplo seria contagioso?

O partido xenófobo de Christophe Blocher, na Suíça, que se esconde sob a denominação de União Democrática do Centro, em sua propaganda associa os estrangeiros às ovelhas negras que convém expulsar do país; em 2009, provoca um referendo que proíbe construir minaretes naquele belo país. Na Suécia, os democratas nacionais, xenófobos e islamófobos, estrearam no Parlamento em 2010.

Na França, em 2002, o chefe da Frente Nacional, Jean-Marie Le Pen, chegou ao segundo turno da eleição presidencial eliminando de passagem o candidato socialista; obteve 18% dos votos. Um romancista popular destacou-se ao declarar que o islamismo era a religião mais imbecil do mundo; um jornalista influente anunciava ter orgulho de ser islamófobo. Em 2011, Marine Le Pen, que sucedeu ao pai, aspirava a exercer um papel de primeiro plano na vida política francesa, e as pesquisas lhe atribuíam cerca de 20% das intenções de voto nas próximas eleições presidenciais. A Alemanha, que até então parecia imunizada contra essas tentações, conhece por sua vez uma exacerbação dos sentimentos anti-imigrados. Na Hungria, o partido de extrema direita Jobbik difunde uma propaganda fortemente xenófoba (e ocasionalmente antissemita).

Em 2009, os representantes desses diferentes grupos se encontraram em Budapeste, onde fundaram uma Aliança dos Movimentos Nacionais Europeus, destinada a coordenar as ações de todos; seu presidente é um francês. Por enquanto, esses partidos populistas e xenófobos não dirigem o governo em nenhum lugar; mesmo assim, participam dele, como a Liga do Norte na Itália, ou constituem um apoio indispensável a um governo minoritário, como nos Países Baixos e na Dinamarca. Na França, trechos inteiros de seus programas são retomados por outros grupos; na Alemanha e na Grã-Bretanha, a direita no poder garante sua retaguarda lembrando a ameaça islamita. Se essa evolução continuar seguindo a mesma curva ascendente, amanhã esses partidos governarão a Europa.

O populismo de hoje não é uma ressurgência do fascismo e muito menos do nazismo. Seu sentido histórico está em outra parte; sua ascensão atual mostra que uma grande página da história do século XX finalmente foi virada. O ciclo aberto pela Primeira Guerra Mundial e fechado pela queda do Muro de Berlim, que assistiu à expansão e depois à derrocada da utopia comunista, à tomada do poder pelos regimes fascistas e pelos nazistas e depois ao desaparecimento deles, esse ciclo que fez enfrentarem-se totalitarismos e democracias está hoje encerrado. Claro, os hábitos então adquiridos perduram, e continuamos ouvindo apelos a "combater o fascismo" ou a precaver-se contra "a besta imunda" cujo ventre ainda estaria fecundo; mas esses apelos já não servem senão para tranquilizar a consciência daqueles que os lançam, para provar-lhes que eles se situam firmemente do lado do bem. Não: a guerra realmente acabou, o novo populismo não é um renascimento dos utopismos de ontem. Portanto, temos todo o interesse em deixar de justapor o passado ao presente e tentar, de preferência, observar o mundo atual.

O DISCURSO POPULISTA

Destaquemos agora algumas características dos discursos produzidos por esses grupos. No plano formal, seu traço dominante pode ser designado pelo termo *demagogia*, uma prática que, aqui, consiste em identificar as preocupações do maior número de pessoas e em propor, para aliviá-las, soluções fáceis de compreender mas impossíveis de aplicar.

Às vezes o raciocínio que conduz a isso é falacioso. Assim

(extraio meus exemplos entre os demagogos franceses), procede-se como se uma analogia em um plano devesse necessariamente poder extrapolar-se para todos os outros. "Prefiro meus filhos aos filhos do vizinho, os do vizinho aos filhos de desconhecidos. Portanto, tenho o direito de maltratar os estrangeiros e de privilegiar os nacionais." Tal raciocínio repousa sobre a confusão entre amor e justiça: eu amo mais os meus próximos, claro, mas a justiça é a mesma para todos. Ou ainda: "As raças humanas são desiguais, vejam como os negros vencem as competições de atletismo", subentendendo-se: e como nós somos mais inteligentes! Aqui, pressupõe-se de saída que todos os indivíduos de pele escura formam uma única categoria biológica, e ainda por cima faz-se como se a hierarquia dos desempenhos físicos legitimasse as hierarquias relativas à inteligência — correlação que nunca foi provada.

Outras vezes, a solução proposta tem um preço que eles não querem reconhecer. "Se eu for eleito, darei mais recursos à polícia, construirei novas prisões, pagarei um salário às mães que ficam em casa." Todas elas, medidas que custam caro; no entanto, o mesmo demagogo promete reduzir os impostos. "Se eu for eleito, fecharei as fronteiras para as mercadorias estrangeiras que concorrem com a produção nacional." Isso significaria que os outros países poderiam fazer o mesmo; mas se nossa pátria exporta mais do que importa? Os demagogos se recusam a reconhecer esse princípio fundamental da ação política segundo o qual cada conquista tem um preço; estão prontos a prometer ao mesmo tempo mais segurança para todos e mais liberdade para todos, sem querer admitir que reforçar uma põe em risco a outra.

A demagogia, o próprio nome nos sugere isso, é tão antiga quanto a democracia; mas, como já lembrei, recebeu uma formidável impulsão na época moderna graças às comunicações de massa e particularmente à televisão. O jornal impresso também se dirige a todos, mas pelo menos você pode parar, reler o artigo, refletir. O jornal televisivo passa depressa, favorece as frases curtas e claras, as imagens impressionantes e fáceis de reter: ao que parece, nossos contemporâneos têm dificuldade de concentrar-se por mais de um minuto... Nesse campo, a contaminação é geral: seja qual for a mensagem política que se deseja transmitir, de esquerda, de direita ou de centro, ela só tem possibilidade de ser retida se tiverem sabido reduzi-la a um slogan memorável. A forma da comunicação decide quanto ao seu conteúdo: a própria televisão é populista, e aqueles que falam nela tendem a tornar-se também populistas. Mas essa tendência é particularmente detectada nos oradores extremistas. "Três milhões de desempregados, 3 milhões de imigrados": o demagogo não precisa formular a conclusão, para isso pode contar com os espectadores — embora, na realidade, a expulsão dos imigrados não viesse em absoluto a acabar com o desemprego. A televisão também favorece a sedução em detrimento da argumentação; o demagogo leva vantagem se tiver um físico atraente ou tranquilizador, uma bela dicção, se souber comover ou fazer rir. Sem personalidade carismática, o populismo perde rapidamente o fôlego.

O modo de apresentação do populismo é a demagogia; quanto ao conteúdo, ele se fixa em torno de algumas constantes. Antes de mais nada, o populista se recusa a afastar-se do aqui e agora, assim como dos indivíduos específicos; foge das abstrações, das distâncias, da duração, e privilegia o concreto, o próximo, ou mesmo o imediato. Enquanto o democrata ideal tenta encontrar sua inspiração no que Rousseau denominava a vontade geral — uma construção hipotética daquilo que, em qualquer momento, seria mais conveniente a todo o povo —, o populista se dirige à multidão com a qual está em contato: aquela de um comício em praça pública, aquela constituída pelos ouvintes de um programa de televisão ou de rádio. O democrata se vê levado a defender valores impopulares, a preconizar sacrifícios, pois também se preocupa com as gerações vindouras; o populista joga com a emoção do momento, forçosamente efêmera. Em nome do interesse geral, o democrata está pronto a intervir em favor das minorias do país; o populista prefere limitar-se às certezas da maioria.

O democrata é respeitoso quanto às leis e privilegia as comissões de reflexão e de estudo, nas quais se tem tempo de pesar os prós e os contras; o populista sente-se à vontade nas assembleias deliberativas em que a boa aparência, o discurso eloquente, os conceitos engenhosos podem atrair a adesão. Em 1968-69, o populismo esquerdista reinava na recém-criada Universidade de Vincennes: lembro-me de todas aquelas resoluções tomadas por uma votação de mão levantada, em assembleias gerais ruidosas e enfumaçadas, nas quais a posição mais extrema tinha sempre as melhores chances de vencer. Podemos lembrar, por contraste, que Condorcet, quando refletia sobre o funcionamento do regime que chamamos democrático, chegava a esta conclusão: "Aquilo que, em cada época, marca o verdadeiro termo das luzes não é a razão particular de um determinado homem de gênio, mas a razão comum dos homens esclarecidos".[2] Essa frase evoca indiretamente tanto o perigo neoliberal — a tentação de privilegiar o indivíduo brilhante em detrimento da razão comum — quanto o tribuno populista. Em vez de solicitar a opinião dos homens e mulheres esclarecidos, este prefere buscar a adesão imediata da multidão presente.

As palavras solenes, os ideais sublimes são deixados aqui para os outros; o populista alega preocupar-se com os problemas cotidianos de cada um. Os dramas dos outros povos, assim como dos desconhecidos, deixam-no frio. Do mesmo modo, as soluções que ele propõe não sofrem nenhuma espera, os benefícios das medidas que ele sugere devem materializar-se nos dias subsequentes. Por essa razão, o populista prefere a continuidade à mudança, que é um salto no desconhecido; ele é mais conservador do que reformador. Privilegia a ordem, em detrimento das liberdades: de todo modo, o cidadão comum tem poucas oportunidades de aproveitar estas últimas, ao passo que desfruta diariamente da proteção de seu espaço, de seus hábitos tranquilos, de sua identidade. O populista, portanto, joga sistematicamente com o medo, um dos afetos humanos mais fundamentais. Recruta a maioria de seus admiradores entre as pessoas relativamente menos educadas, as quais, não conhecendo bem outros países, são contra "a Europa" e contra "a mundialização". Seu público habitual não pertence à classe dos mais pobres, mas àquela que teme se aproximar destes, o que a faria ir ao encontro do grupo dos rejeitados, dos excluídos, dos vencidos.

Em relação às divisões tradicionais do campo político, o populismo não se diz nem de esquerda nem de direita; a darmos crédito aos seus porta-vozes, ele seria antes "de baixo", sendo os partidos tradicionais tanto de esquerda como de direita rejeitados para um "do alto" pouco atraente. Populismo se oporia a elitismo — desde que se dê a este último termo uma coloração pejorativa; a rejeição às elites o opõe diretamente às tradições democráticas, que favorecem a formação de elites por mérito. Mas o populismo é habitualmente anexado por outras forças, externas ao campo central da arena política: a extrema esquerda ou, mais frequentemente em nossos dias, a extrema direita. É a razão pela qual a internet e as redes sociais são percebidas com tanta benevolência pelos animadores dos movimentos populistas: essa difusão da informação escapa a todo controle centralizado e ao consenso democrático. É uma desforra da periferia contra o centro, do extremismo contra a moderação: a palavra privada que circula ali não tem de submeter-se às limitações que pesam sobre os discursos públicos. Na França, os fiéis da Frente Nacional são, entre os internautas, os mais numerosos a frequentar os sites politizados.

Os movimentos extremistas identificam na vida pública do país um responsável por todos os seus males e o apontam à vindita popular. Os partidos não extremistas, ou moderados, reconhecem a pluralidade, e mesmo a incompatibilidade dos interesses no seio de uma mesma sociedade, e aspiram a soluções de compromisso negociadas, em vez das impostas pela força. Aqui, o adversário não se torna um inimigo; prefere-se coexistir com ele a combatê-lo. Para as forças de extrema esquerda, o inimigo culpado é definido no plano social: são os ricos, os capitalistas, os burgueses; para curar a sociedade é preciso vencer esses inimigos e fazê-los "pagar a conta", ou mesmo eliminá-los (já vimos isso, as ditaduras comunistas executaram esse programa). A extrema direita já não se define pelo anticomunismo nem pelo racismo explícito, baseado em diferenças físicas visíveis: este se comprometeu demais durante a história recente, aquele já não tem razão de ser. A extrema direita de hoje se define por sua prevenção xenófoba e nacionalista: tudo é culpa dos estrangeiros, daqueles que são diferentes de nós; vamos expulsá-los. Desse ponto de vista, e apesar de alguns empréstimos passageiros tomados ao vocabulário marxista, um movimento como o ETA basco, essencialmente nacionalista, é politicamente aparentado com a extrema direita.

Esse não é o único efeito dos discursos populistas, mas é um dos mais perniciosos: em contradição com o princípio de igualdade, uma parte da população se vê marginalizada e estigmatizada. Essa parte se compõe daqueles que são percebidos como elementos exteriores, seja no plano administrativo — eles são estrangeiros —, seja por causa de suas características culturais — eles são estranhos. Estas últimas pessoas podem ser descendentes de estrangeiros, ou então ter atitudes que as singularizam: por exemplo, nos países de tradição cristã, praticam o islamismo.

A IDENTIDADE NACIONAL

O populismo influi diretamente sobre a vida política dos países dirigidos por partidos democráticos tradicionais. Na França, encontra-se um eloquente exemplo disso com a questão da identidade nacional, levantada pelo governo entre 2007 e 2011. Durante a campanha presidencial de 2007, o então candidato Sarkozy, buscando despertar o espírito populista, apresentou a ideia de um ministério consagrado a defendê-la; eleito presidente, manteve sua promessa. Em 2009, esse Ministério da Identidade Nacional (que poderia chamar-se Ministério dos Assuntos Islâmicos, a tal ponto as populações muçulmanas constituíam sua principal preocupação) lançou um "grande debate" que deveria esclarecer o conteúdo dessa noção. Como os resultados não se revelaram à altura das esperanças, o debate foi suspenso, sem o menor efeito benéfico para ninguém, a não ser para a Frente Nacional, em cujo favor as intenções de voto aumentaram de maneira nítida. Em 2011, o ministério em questão desapareceu.

Para ilustrar os mal-entendidos que rodeiam esse conceito,[3] eu gostaria de tomar um exemplo que conheço bem — o meu! Faço parte das pessoas que, nascidas num país estrangeiro, um dia se tornaram *francesas*. Mas o que significa aqui essa palavra?

A ideia de vir para a França me ocorreu pela primeira vez em 1962, quando, recém-formado pela Universidade de Sófia, fiquei sabendo que tinha a possibilidade de passar um ano em um país ocidental. Não se tratava em absoluto de uma emigração definitiva, mas de uma temporada ligada ao prosseguimento dos meus estudos, de uma imersão no mundo universitário estrangeiro. Se escolhi a França e Paris, foi porque era seduzido pela imagem de uma cidade-encruzilhada das artes e das letras. Eu não era o único, evidentemente, e isso não fazia de mim um francês.

No final daquele primeiro ano de estada parisiense, eu havia aprendido muito. Tinha podido ler um bom número de livros inacessíveis na Bulgária e adquirido mais desenvoltura no francês, que se tornara a língua de minha vida cotidiana. Também fizera amigos franceses — muitos dos quais eram de origem estrangeira — e, graças a eles, descobrira algumas paisagens francesas. Como muitos outros estrangeiros em situação semelhante, eu me vangloriava de ter-me tornado um conhecedor dos costumes franceses: queria degustar todos os queijos e, na medida de meus recursos (modestos), todos os vinhos. Decidi então ficar mais dois anos, para obter um novo diploma. Mas isso não fazia de mim um francês.

Ao cabo daqueles anos, eu havia desposado uma francesa e começado a ganhar a vida na França. Meus interesses profissionais também tinham evoluído. Eu me sentia cada vez mais interessado na discussão pública relativa à vida moral e política, que prosseguia neste que se tornara meu país de residência e que envolvia assuntos sobre os quais não se podia debater na Bulgária, já que, lá, toda a vida pública era submetida aos ucasses do regime comunista. Os grandes princípios invocados na França, embora às vezes fossem transgredidos na prática, pareciam-me preferíveis. O Estado de direito era superior ao reinado do arbítrio e da corrupção, a proteção às liberdades individuais tinha mais valor do que a vigilância permanente à qual eram submetidos os cidadãos dos países totalitários, o respeito pela dignidade de todos me convinha mais do que o antigo espírito patriarcal ou os privilégios detidos pelas novas castas políticas. Mas todas essas transformações interiores não faziam de mim um francês. Aliás, havia muitos outros países cujos cidadãos gozavam dos mesmos privilégios.

A aquisição de uma nova identidade cultural é um processo que se pode perseguir indefinidamente. Contudo, a pergunta "quando me tornei francês?" tem uma resposta bem simples; para isso, basta que ela se refira à minha cidadania — a qual, à diferença de minhas opções políticas ou de minhas inclinações culturais, é da alçada da administração e portanto, indiretamente, do governo e do Parlamento. Essa mudança se produziu no dia em que, dez anos após minha chegada à França, fui naturalizado por um decreto da República. A partir desse momento, meus deveres cívicos me ligam a este país de preferência a qualquer outro — contrapartida dos direitos novos que ele me outorgou. Quanto à minha identidade privada, esta sem dúvida se tornou um pouco mais francesa, mas não somente nem simplesmente. Eu não posso esquecer os primeiros 24 anos da minha vida, graças aos quais conservo sempre dentro de mim um olhar exterior sobre a França, nem que atribuo à cultura deste país aquilo que para certos franceses autóctones tem a ver com a natureza (humana). Em vez de francês, às vezes me sinto o habitante apenas de uma cidade, ou mesmo de um bairro; outras vezes, ao contrário, o do continente europeu inteiro. Contudo, de uma coisa tenho certeza: não gostaria que um ministério ou seus funcionários decidissem por mim quanto ao que devo pensar, crer ou amar.

O Ministério da Identidade Nacional e o debate sobre o assunto não serviram para esclarecer coisa alguma; em contraposição, contribuíram, de um lado, para dificultar a integração dos estrangeiros e de seus descendentes, e, de outro, para tranquilizar uma parte da população autóctone, apontando-lhe o responsável por tudo o que não funciona em sua vida. O populismo foi reforçado em detrimento da democracia.

ABAIXO O MULTICULTURALISMO: O CASO ALEMÃO

Desde o outono de 2010, assiste-se na Europa a uma outra maneira de evocar o "problema" dos estrangeiros: dessa vez, trata-se de um ataque articulado contra o "multiculturalismo", isto é, a coexistência de várias culturas dentro de uma mesma sociedade.

Esse ataque é conduzido pelos chefes de alguns governos de direita. Seu tom foi dado pela chanceler alemã Angela Merkel, que declarou, em outubro de 2010: "Dizer que um belo dia, pronto, chegamos ao *multiculti*, uns vivem ao lado dos outros e todo mundo está contente — pois bem, isso fracassou, fracassou totalmente". Em fevereiro de 2011, ela é secundada por vários colegas seus de outros países. O primeiro-ministro da Grã-Bretanha, David Cameron, constatou: "Em nome de um multiculturalismo de Estado, nós estimulamos as diferentes culturas a levar vidas separadas, isoladas umas das outras e afastadas da cultura principal [*mainstream*]. [...] Creio que é hora de virar a página dessas políticas do passado que fracassaram". O primeiro-ministro dos Países Baixos, Mark Rutte, evocou por sua vez "o fracasso do multiculturalismo" em seu país e a necessidade de "fechar as fronteiras aos deserdados". Por fim, o presidente francês Sarkozy acrescentou sua voz a esse coro, afirmando que "o multiculturalismo é um fracasso" e que é preciso obrigar os imigrados a "fundirem-se na comunidade nacional". Como compreender tal unanimidade dos chefes de Estado europeus?

Na Alemanha, o debate se inflamara um pouco antes dessas intervenções, em torno do livro de Thilo Sarrazin, *A Alemanha extingue a si mesma*. O autor, alto funcionário do Banco Central e membro do Partido Socialdemocrata, beneficiou-se de uma promoção excepcional: o semanário *Der Spiegel* publicou em cinco páginas "boas folhas" do livro, com os trechos mais perturbadores; ao longo de toda uma semana, o diário popular *Bild* ofereceu-lhe uma página para expor suas opiniões. O resultado ultrapassou todas as expectativas: em fevereiro de 2011, as vendas do livro tinham chegado a 1,2 milhão de exemplares, número realmente excepcional. Uma pesquisa mostrou que mais de 50% da população aprova as teses de Sarrazin e que 15% se declaram dispostos a votar em um novo partido que defenda as ideias dele.

A rejeição ao multiculturalismo não é a principal preocupação do autor. Ele parte de duas constatações, que lhe parecem apoiadas por numerosas estatísticas. Primeiro, os alemães de origem têm poucos filhos, os imigrados muçulmanos têm muito mais. Em seguida, o nível intelectual do primeiro grupo é bem mais elevado do que o do segundo. "Não se consegue descobrir nenhum potencial intelectual particular entre os imigrados muçulmanos. [...] Os imigrados do Oriente Próximo [entenda-se: os turcos] sofrem de taras genéticas"; ora, a inteligência é hereditária. Esses dados básicos são confrontados a um objetivo apresentado por Sarrazin como óbvio: para um país, é vantajoso ser habitado por "gente altamente educada". No atual estado de coisas, a Alemanha está ameaçada por uma evolução em sentido inverso. A conclusão se impõe por si mesma: é preciso "deter a imigração proveniente do Oriente Próximo e do Oriente Médio, assim como da África". Em vez de submeter esses indivíduos a um teste de inteligência, procedimento laborioso e oneroso, bastaria verificar se eles são muçulmanos: a adesão a essa religião é, em si, uma prova de idiotismo... Ao mesmo tempo, convém fazer saírem da Alemanha os imigrados que já entraram. A rejeição ao multiculturalismo se inscreve nas medidas que devem contribuir para isso: Sarrazin não quer ouvir falar o idioma turco nas ruas de sua cidade e compreende a hostilidade que as pessoas manifestam em relação às mulheres ataviadas com um lenço na cabeça.

No século XIX, Gobineau tinha uma visão trágica da evolução da humanidade: as raças mais fortes, pensava, sempre vencem seus adversários, mas, ao reinarem sobre os dominados, são levadas a misturar-se com eles — e portanto a se enfraquecer. A construção intelectual de Sarrazin é igualmente pessimista: ele acredita constatar que "as pessoas mais brilhantes têm menos filhos"; por conseguinte, o avanço da inteligência é comprometido pela baixa na reprodução, que decorre daí. A força torna-se, em si mesma, fonte de fraqueza. Tal paradoxo não é o único ponto frágil de seu raciocínio: várias de suas premissas, apresentadas como evidências, são mais do que discutíveis. É o caso da inteligência hereditária, ou da escolha do islã como indício de uma tara mental: nenhum cientista pode confirmar tais afirmações sumárias, expostas, no entanto, como o resultado da ciência. Se os traços culturais se transmitissem essencialmente pela genética, a população atual da Alemanha não deveria inquietar-se por ser descendente das multidões pró-nazistas? Por outro lado, será de fato tão evidente que a educação superior é a única qualidade desejável para o bem-estar de uma sociedade? Não se deveria favorecer a eclosão também de outras qualidades (para as quais a inferioridade dos turcos ainda não estaria estabelecida!), tais como a bondade, a doçura, a compaixão, ou ainda o espírito de equidade, a coragem, o questionamento da autoridade? Fica-se perplexo ante a facilidade com a qual os admiradores de Sarrazin plebiscitaram sua visão eugenista.

A primeira reação de Merkel a essas teses foi achá-las "ofensivas e difamantes". Mas, um mês depois, talvez por ter percebido o sucesso alcançado pelo livro, e sofrendo de uma preocupante falta de popularidade com a aproximação das eleições, ela voltou ao assunto diante dos jovens militantes de seu partido. Sem retomar para si as elucubrações genéticas e antropológicas de Sarrazin, concentrou-se naquilo que provavelmente explica o sucesso dele: a rejeição, assumida por boa parte da população, às pessoas que participam de uma cultura diferente. Tendo anunciado o fracasso do multiculturalismo, ela prosseguiu lembrando: "o que se aplica aqui é a lei fundamental, e não a charia"; portanto, está-se no direito "de ter exigências" para com os imigrados. O princípio reivindicado por Merkel é assim explicitado: "Nós nos sentimos ligados aos valores cristãos. Quem não aceita isso não tem lugar aqui". Mais ou menos no mesmo momento, outro político alemão de destaque, Horst Seehofer, ministro-presidente da Baviera, declarou que a Alemanha não precisa de uma "imigração vinda de outros ambientes culturais", acrescentando, para deixar bem clara sua posição: "Nós defendemos a cultura diretiva [*Leitkultur*] alemã e somos contra o multiculturalismo".

Intencionalmente ou não, os dirigentes alemães confundem aqui duas ordens de realidade, cuja especificidade eu acabo de lembrar: as leis e a cultura, a esfera pública e a esfera privada. O multiculturalismo não é um projeto político, mas um estado de fato: toda sociedade é portadora de várias culturas. Por outro lado, a exigência de reconhecer e defender o Estado de direito, a igualdade de homens e mulheres perante a lei, a liberdade de expressão, a rejeição à violência são princípios inscritos na Constituição alemã, assim como na da maior parte das democracias, e tem-se perfeitamente o direito de exigir o respeito a eles. A evocação dos "valores cristãos", ao contrário, não tem lugar aqui. Sem dúvida, numerosos alemães são marcados pela tradição cristã, mas só uma parte de sua herança foi integrada na lei fundamental, e é a única que se pode impor a todos os habitantes do país. Não é porque um determinado princípio é de origem cristã que se deve considerá-lo coercitivo, mas sim porque ele faz parte das exigências democráticas, mais ligadas, aliás, ao pensamento iluminista do que a esta ou àquela tradição religiosa. Sugerir que quem não respeita o cristianismo deve deixar o país é extravagante: numerosos alemães de origem se veriam obrigados ao exílio!

NA GRÃ-BRETANHA E NA FRANÇA

O primeiro-ministro britânico David Cameron expressou-se a respeito do multiculturalismo durante uma conferência internacional sobre segurança. Tendo adotado então a perspectiva global da luta antiterrorismo, ele se entrega a uma análise psicossociológica do fato de alguém se tornar terrorista. A premissa maior de seu silogismo é a certeza de que todo ser humano precisa de um pertencimento coletivo cultural; a premissa menor, a constatação de que a identidade cultural britânica perdeu o vigor e a autoconfiança. Conclusão: os jovens oriundos da imigração, não podendo aderir a essa identidade, voltam-se em seu desassossego para os grupos islamitas, primeiro passo rumo ao seu recrutamento pelas redes terroristas. A rejeição ao multiculturalismo torna-se portanto, de novo, uma fórmula com a qual se adorna a prevenção contra o islã. É verdade que Cameron circunda esse raciocínio com numerosas precauções e precisões: não se deve confundir, diz ele, o islamismo, uma religião, com os islamitas como movimento político; tampouco o fundamentalismo islâmico com o terrorismo do tipo Al-Qaeda. Convém precaver-se contra as formulações demasiadamente gerais, como o "choque das civilizações", ele acrescenta, e aceitar construir novas mesquitas onde os fiéis pedirem. Mas devemos aceitar a análise das razões que conduzem os jovens oriundos da imigração às práticas terroristas? A grande maioria dos depoimentos de que dispomos revela, de saída, não um vazio existencial, mas um ressentimento nascido da humilhação sofrida por um grupo do qual as pessoas se sentem próximas: no caso, nascido da ocupação, pelo Exército britânico, de países muçulmanos como o Iraque e o Afeganistão.

Cameron extrai várias consequências daquilo que ele considera como sua demonstração, apresentando-as todas como uma rejeição ao multiculturalismo. Para tal fim, estabelece uma distinção entre a tolerância passiva, na qual o Estado se limita a exigir obediência às leis, e uma democracia ativa, animada por um "liberalismo enérgico", que defende certos valores. Mas os que ele enumera — liberdade de expressão, democracia, igualdade de direitos — não são mais do que a base das leis próprias de seu país, assim como de muitos outros. Mais uma vez, o multiculturalismo é posto sob acusação por causa da confusão entre leis e cultura. É verdade que na Grã-Bretanha haviam sido feitas propostas de, em certos bairros, elevar a charia à dignidade de lei — mas, nesse caso, ter-se-ia deixado o campo da cultura para entrar no do direito. Também é verdade que, nesse país, à diferença da Alemanha ou da França, pôde-se notar outro sentido de "multiculturalismo": não mais como descrição de um estado existente, mas como uma política ativa de estímulo à separação das culturas, ou ao encerramento do indivíduo em sua tradição de origem, ou à rejeição da ideia de uma cultura-quadro comum. Nessa perspectiva, pode-se aquiescer à decisão de Cameron de não mais subvencionar os organismos que pregam o terrorismo, ou simplesmente a negação dos direitos humanos, da liberdade de consciência e da soberania do povo.

Já o presidente francês expressou sua rejeição ao multiculturalismo durante uma entrevista televisiva em fevereiro de 2011. Essa rejeição é, por sua vez, enigmática: se devemos entender o termo em questão como a pluralidade de culturas na França, ela sempre esteve presente e assim permanecerá; se se tratar de políticas voluntaristas para estimular a separação das culturas, em vão as procuraríamos na história deste país. Os exemplos concretos de comportamentos que deveriam ser protegidos contra a onda multicultural são "a liberdade para as meninas de frequentarem a escola", a "igualdade entre homens e mulheres" e a proibição da poligamia; mas as leis da República já se encarregam disso, e o respeito a elas é exigido de todos os habitantes do país. Isso não significa que os comportamentos sempre se sujeitam a essas leis, como demonstra, por exemplo, fora de qualquer contexto multiculturalista, a desigualdade entre homens e mulheres, quer em seus respectivos salários dentro das empresas, quer em suas representações na Assembleia Nacional; mas, em todo caso, o instrumento jurídico necessário existe. Por outro lado, sem dúvida pode-se lamentar que os muçulmanos em oração ocupem as ruas (tema retomado pela Frente Nacional), mas para resolver isso seria preciso facilitar a construção de mesquitas. Percebe-se, em suma, que a única "cultura" na qual se pensa ao recusar o multiculturalismo é o islã; as comunidades judaica, chinesa, vietnamita, embora mais organizadas, nunca são mencionadas.

Quando o presidente afirma, enfim, que "a comunidade francesa não quer mudar seu modo de vida, seu estilo de vida", podemos perguntar-nos se sua opinião reflete verdadeiramente a da população. O modo de vida dos franceses mudou espetacularmente ao longo dos últimos cem anos, sob a pressão de numerosos fatores, tais como o recuo da agricultura e o aumento da urbanização, a emancipação das mulheres e o controle da natalidade, as revoluções tecnológicas e a organização do trabalho. Nesse particular, o contato com as populações estrangeiras é um fator sobretudo marginal, e a população mais influente foi, de longe, a dos Estados Unidos da América...

EM TORNO DO VÉU ISLÂMICO

Podemos evocar dois exemplos recentes de situações em que o Estado francês interveio para erradicar todo vestígio de multiculturalismo. Em 2010, foi aprovada uma lei que proibia o uso da burca em qualquer espaço público, inclusive ruas e lojas. As mulheres que desobedecerem serão punidas com multas. Esse modelo francês encontrou ecos favoráveis em outros países europeus: na Bélgica, na Alemanha, na Suíça; certas municipalidades italianas já tinham previsto sanções semelhantes. Na primavera de 2011, uma circular do ministro da Educação Nacional amplia esse controle do espaço público: determina que as mulheres portadoras de véu já não poderão acompanhar os filhos durante os passeios escolares, como podem fazer os outros pais.

A primeira proibição se baseia em vários argumentos. Um deles é que o véu integral é um sinal de alienação; portanto, ao removê-lo, as mulheres que o usam seriam libertadas. Ao que parece, não se percebe o caráter intrinsecamente contraditório dessa suposição: como é possível favorecer a liberdade individual punindo com uma sanção aquilo que resulta da livre escolha de um indivíduo? Sem dúvida, pode-se lamentar a existência de tais práticas; mas, combatendo-as pela coação, diminui-se a liberdade daquelas que as escolhem, em vez de ampliá-la. Exceto se considerarmos que certas pessoas não merecem gerir por conta própria suas vidas, mas sim, como as crianças menores, os doentes mentais ou os prisioneiros privados de seus direitos civis, devem submeter-se às decisões dos outros. Esses indivíduos "minorizados" fazem pensar nos Estados que tampouco são julgados capazes de gerir seus assuntos e que, por essa razão, precisam de uma intervenção militar dos países ocidentais; curiosamente, uns e outros são muçulmanos... No entanto, liberdade individual e igualdade de direitos são princípios básicos do Estado democrático!

Ademais, proibindo essas mulheres de usar o véu integral, não se tem certeza de suprimir aquilo que se julga ser sua prisão: em vez disso, elas correm o risco de permanecer trancadas em casa — portanto, de ter ainda menos oportunidades de encontros que poderiam mudar sua visão do mundo. Tais normas incitam-nas a "integrar-se", ao mesmo tempo que as punem sempre que elas saem à rua, seja para ir ao médico ou ao advogado, ou mesmo para buscar um simples documento administrativo — em suma, quando elas tentam participar da vida pública.

Um segundo argumento se refere à segurança comum: uma mulher com véu integral, afirma-se, poderia dissimular entre as roupas uma metralhadora e perpetrar um roubo em um banco;

ou ainda, no passeio da escola, roubar uma criança que não é sua. Na verdade, nunca se ouviu falar de algum caso desse tipo; mas, se realmente se quiser evitar tais acidentes, basta regulamentar os poucos casos específicos nos quais o reconhecimento do rosto é indispensável; não há nenhuma necessidade de aprovar uma lei, cujo efeito real não é uma proteção melhor aos bancos, mas uma estigmatização maior do islã e daquelas que o praticam. E, se o perigo público dessa opção de vestimenta é nulo, como justificar o fato de privar essas mulheres de uma liberdade tão elementar que nós sequer a notamos: a de poder escolher as próprias roupas?

A proibição de acompanhar os filhos durante as excursões escolares, que ainda não foi erigida em lei, baseia-se numa série de deslocamentos por contiguidade. Primeiro considera-se que, numa escola laica, todo sinal visível de pertencimento religioso deve ser banido. Em seguida, estende-se a ideia de espaço escolar a qualquer atividade organizada pela escola, por exemplo, a visita a um museu ou a um parque, para a qual muitas vezes se pede a colaboração dos pais: eles também devem eliminar todo atributo religioso. Por fim, reduz-se o véu usado pelas mulheres a um apelo a práticas religiosas, e conclui-se: nada de proselitismo na escola, portanto nada de mães com cabeça coberta durante as excursões! De nada adianta a essas mulheres dizer que, longe de ser um símbolo religioso, seu lenço ou véu faz parte de sua identidade cultural, e que não podem suprimi-lo sem se humilhar; elas são afastadas.

A diretora da escola que pleiteia essa interdição das mães muçulmanas (e que recebeu o encorajamento do ministro) não vê problema algum nisso. "Uma excursão escolar é a própria escola, e, quando está com alunos, você não mostra seu pertencimento religioso", diz ela.[4] Se dermos ouvidos a essa formulação hiperbólica, poderemos perguntar-nos por que se deter em tão bom caminho e se limitar aos passeios organizados: não se deveria proibir também o uso de sinais religiosos em casa, para impedir as crianças de conhecerem as opções religiosas dos pais e de serem assim influenciadas em suas futuras decisões? Pensa-se seriamente que ver uma mulher de véu é suficiente para que o aluno já não saiba aceitar os "valores republicanos"?

Constata-se em ação aqui uma concepção "enérgica" ou "firme" do laicismo. Ela consiste não mais em separar a Igreja do Estado, impedindo cada um de ditar suas escolhas ao outro e assegurando ao mesmo tempo a coexistência pacífica entre diferentes crenças, mas em limpar o espaço público de qualquer vestígio de pertencimento religioso. Com isso, revela-se uma singular concepção do que constitui a pessoa: reconhece-se sua identidade física, mas prefere-se ignorar suas características mentais. Ora, reduzir assim o indivíduo humano ao nível de um animal rebaixa sua dignidade: ele é aceito no espaço comum unicamente sob a condição de despojar-se daquilo que ele mesmo considera sua identidade, adquirida durante a infância ou escolhida mais tarde, em interação com o meio. O indivíduo laico imaginado aqui é um ser abstrato, desprovido de características culturais, ao passo que a cultura faz parte da natureza humana. Em suma, dizemos aos muçulmanos (pois não se dirige a mesma injunção aos judeus ortodoxos, aos siques etc.): seremos tolerantes com vocês desde que vocês se tornem como nós, tanto em suas convicções íntimas quanto em seus hábitos alimentares ou de vestimenta.

Mais uma vez, o resultado de tais interdições é contrário àquele que é procurado: as mães assim estigmatizadas já não se sentirão bem-vindas à escola, não saberão transmitir uma imagem positiva da escola aos seus filhos; as minorias de origem estrangeira se sentirão, de novo, obrigadas a recolher-se sobre elas mesmas, a permanecer fora da comunidade nacional que alega querer "integrá-las".

Quando passamos assim em revista os argumentos invocados contra o multiculturalismo — que aqui é acusado de prejudicar as mulheres, ali de alimentar o terrorismo, acolá de reforçar a estupidez —, percebemos que essa palavra é utilizada no lugar de uma ou de várias outras. Muitas vezes tem-se a impressão de que os políticos da Europa, homens e mulheres, aprenderam bem a lição dos profissionais da manipulação política. Os termos do debate não são escolhidos em função das necessidades vitais da população, mas com o intuito de atrair a simpatia de certos eleitores. Assim, vimos as controvérsias públicas nos Estados Unidos se concentrarem nos problemas de costumes, tais como o aborto ou o casamento homossexual, e não no desemprego ou nos empréstimos bancários irresponsáveis. O debate em torno do multiculturalismo, tanto quanto aquele sobre a identidade nacional, aparece por sua vez como um recurso para desviar a atenção de outros problemas bastante reais (sociais e econômicos), só que mais difíceis de resolver. A verdade é que, dessa maneira, obtém-se sem grandes esforços a fidelidade de uma parte da população, que encontra na pessoa dos imigrados um confortável bode expiatório. Mais uma vez, é a democracia que sai perdendo.

As declarações aproximativas dos dirigentes políticos sobre o multiculturalismo também podem ter trágicas consequências indiretas, como ficou ilustrado pelos fatos ocorridos na Noruega durante o verão de 2011. Em 22 de julho daquele ano, um norueguês de origem, Anders Behring Breivik, de 32 anos, cometeu um duplo atentado. Primeiro, detonou um veículo recheado de explosivos no bairro dos ministérios em Oslo, provocando a morte de oito pessoas. Logo em seguida, dirigiu-se a uma ilha perto dali, onde estava em curso a reunião dos jovens militantes do Partido Trabalhista, que dirige atualmente o país. Chegado ao local, empreendeu a execução sistemática de todos os presentes; no momento de sua detenção, contaram-se 76 cadáveres. Poucas horas antes do início de sua ação, Breivik havia divulgado na internet um volumoso manifesto (de 1518 páginas) no qual explica as razões e os objetivos de seu ato.

Aos olhos desse assassino em massa, a Europa em geral e a Noruega em particular estão ameaçadas por uma invasão muçulmana que destruirá a curto prazo a identidade cultural tradicional dos povos que ali habitam. Para erguer um obstáculo ao caminho da jihad que ele vê em ação por toda parte, é necessário um gesto forte, que impressionará os espíritos e despertará esses povos adormecidos: é precisamente esse o sentido de sua ação homicida. Os muçulmanos são numerosos demais na Europa para poderem ser eliminados por tais atos; mas é preciso fechar logo as fronteiras, em seguida obrigar os que já estão ali a se assimilarem integralmente e por fim deportar os recalcitrantes. Em compensação, é possível atacar imediatamente os que favorecem essa "ocupação" da Europa Ocidental. São eles os dirigentes políticos de esquerda (todos uns marxistas!) e as elites intelectuais que pregam o multiculturalismo e a tolerância pela diversidade, autores de um discurso antirracista politicamente correto. Por seu crime, eles merecem a morte.

É preciso levar em conta o delírio individual desse manifesto, assim como a incapacidade do autor de traçar uma fronteira clara entre o que ele apresenta como uma ficção e sua atuação concreta, entre os videogames de que é um praticante apaixonado e a execução de seres humanos bem reais. Ao mesmo tempo, tal delírio não surge em um vácuo político e cultural, mas sim entra em ressonância com o discurso dos partidos populistas atuais de extrema direita. O próprio Breivik foi, durante dez anos, membro do Partido do Progresso Norueguês, uma agremiação anti-imigrados e islamófoba, que obteve nas últimas eleições 23% da votação popular, tornando-se assim o segundo partido do país; abandonou-o porque o considerava demasiado lento e indeciso em seu combate contra o multiculturalismo. O manifesto é recheado de referências a outros grupos de extrema direita, europeus ou norte-americanos, que apresentam a invasão muçulmana como um perigo iminente — a Europa transformando-se em Eurábia — e convocam uma luta sem trégua (embora, por enquanto, não tenham encontrado um documento que prove a conspiração, uma espécie de "Protocolo dos Sábios de Meca"...). Wilders, nos Países Baixos, celebrizou-se por sua associação do Corão ao *Mein Kampf* de Hitler e da ameaça islâmica à ocupação nazista durante a Segunda Guerra Mundial; Breivik, que o cita, não faz senão pôr em prática aquilo que o populista holandês defende em teoria: não devemos opor-nos a esses novos nazistas que nos atacam? Outros tribunos afirmam que o antirracismo é um perigo tão grande para a Europa de hoje quanto era o comunismo ontem: o que haveria de errado num ato de resistência contra esses novos totalitários? Enfim, os dirigentes dos grandes países europeus, como acabamos de ver, são unânimes em condenar o multiculturalismo ou em proclamar seu fracasso. Aqui está (no caso do assassino norueguês), portanto, alguém que levou ao pé da letra as afirmações deles.

São impressionantes as semelhanças entre esse terrorista solitário e os terroristas islamitas, responsáveis pelos atentados antiocidentais, como a destruição das torres gêmeas em Nova York, em setembro de 2001. Um e outros procuram antes de tudo atingir a imaginação do grande público por um ato espetacular, cuja justiça lhes parece tão inegável que eles se dispõem a sacrificar ou pelo menos arriscar sua vida. Um e outros extraem seus argumentos de pregadores inflamados que se contentam com lançar anátemas, justificando-os pelos nobres objetivos que perseguem: defesa da democracia na Europa, reinado da justiça na terra. Um e outros atuam friamente, com determinação, preparando seus atos durante anos: transformando-se em fazendeiro, para poder comprar os componentes dos explosivos sem despertar suspeitas; obtendo diplomas de engenheiro e habilitando-se como pilotos...

Pela obstinação com a qual conduzem até o fim seus projetos macabros, esses inimigos declarados se assemelham como irmãos.

UM DEBATE PODE ESCONDER OUTRO

Em sua imensa maioria, os seres humanos precisam de uma identidade coletiva, precisam sentir-se participantes de um grupo reconhecível. Alguns indivíduos conseguem livrar-se dessa necessidade — mas um povo não pode se dar a esse luxo: o sentimento de pertencer confirma cada um em sua existência. Enquanto o grupo se mantém mais ou menos estável, o indivíduo pode não se dar conta disso e acreditar que é fácil dispensá-lo. No entanto, basta que o grupo comece a mudar rapidamente, e sobretudo a perder alguns de seus privilégios anteriores, para que seus membros se sintam em perigo e tentem proteger-se — especialmente esquivando-se dos outros, deixando-os à parte. Assim, hoje, os autóctones europeus têm o sentimento de que sua identidade tradicional está abalada. Mas as interpretações desse sentimento divergem.

A razão profunda da perturbação que eles experimentam seria o aumento da presença de estrangeiros? Pode-se pensar que ela reside antes na ação conjunta de dois processos de grande amplitude: o crescimento irresistível do individualismo e a aceleração da globalização (ou "mundialização"). De um lado, portanto, uma dissolução das identidades coletivas por uma subdivisão ao infinito, com as normas comuns cedendo a vez às escolhas pessoais — um movimento que se alastrou na Europa a partir de 1968, com a liberação sexual, o recuo das religiões, o desmoronamento das utopias. E, de outro lado, a inclusão das identidades tradicionais em reagrupamentos mais vastos, tais como a União Europeia, ou seu apagamento diante da economia globalizada, emancipada das fronteiras dos Estados — evolução que é ilustrada, sobretudo a partir da queda do Muro, pelas empresas multinacionais, pelas deslocalizações, pela fluidez dos capitais. Esse duplo movimento, de considerável potência, é a matriz comum de comportamentos tão opostos quanto as cruzadas antimuçulmanas do populista Geert Wilders nos Países Baixos e as pregações antiocidentais dos salafistas no Egito. Mas o individualismo e a globalização são abstrações impalpáveis, ao passo que "os estrangeiros" estão aqui entre nós, fáceis de identificar: na maioria das vezes têm a pele escura, seus costumes são estranhos. É grande a tentação de ver neles a causa de tudo o que mudou ao nosso redor, ao passo que eles são apenas o sintoma dessa mudança.

Outra razão de inquietude coletiva é a evolução da autoridade em nossas sociedades, comparável, de certos pontos de vista, à da identidade. O enfraquecimento da autoridade tradicional é o efeito do grande movimento constitutivo de nossa modernidade: o da afirmação da autonomia individual. Cada um quer ser julgado em nome de normas às quais ele adere livremente, e não à luz de normas que lhe sejam impostas de fora. Doravante a regra tradicional pode ser revogada pela vontade popular: o aborto era um crime, hoje está a cargo da Seguridade Social. A religião se vê obrigada a renunciar ao seu papel de provedora dos valores sociais. Bem sabemos que no século XX certos regimes, autoritários ou totalitários, quiseram frear e reverter essa marcha da história, submetendo novamente o indivíduo ao corpo social; mas, depois de ter provocado incontáveis sofrimentos, esse parêntese está fechado hoje, e a autonomia dos indivíduos se afirma mais do que nunca.

Numa democracia, somos todos iguais perante a lei; mas a lei está longe de cobrir todas as relações humanas constitutivas da vida social. O modelo democrático e igualitário, transposto mecanicamente do domínio político para a antropologia, do público para o privado, faz-nos ignorar as relações hierárquicas no seio da sociedade. Depois de 1968, declarou-se com frequência que é proibido proibir, esquecendo-se que não existe sociedade sem proibições, sem normas e, portanto, também sem subordinação. A frase "os homens nascem livres e iguais" procede de um espírito generoso e pode servir a objetivos louváveis, mas, no plano antropológico, é uma inverdade. Os homens nascem dependentes e fracos, só adquirem certas formas de liberdade e de igualdade quando se tornam adultos. Autonomia política não significa independência e autossuficiência sociais. Esse contrassenso nas representações age, por sua vez, sobre nosso mundo e destrói um pouco mais as relações de autoridade.

O lugar em que essa incompreensão se revela mais flagrante talvez seja o da relação entre as gerações, como, por exemplo, entre pais e filhos (mas também entre professores e alunos na escola — as duas situações estão ligadas), uma relação que não pode ser avaliada pela escala da igualdade. Na espécie humana, mais ainda do que nas outras espécies animais, a sobrevivência física dos filhos depende, durante longos anos, dos cuidados que adultos benévolos lhes dedicam. O plano físico se prolonga no plano mental: é graças à interiorização do outro — do adulto, do genitor — que a criança adquire consciência de si, isto é, tem acesso ao mundo propriamente humano. Enfim, é o amor dos pais que dá ao filho uma confiança em si mesmo e o prepara para enfrentar as decepções que ele não deixará de sofrer em sua vida adulta. Ao longo de toda a infância, a relação entre os dois lados é assimétrica e desigual: o genitor é responsável pelo filho, possui um saber e uma experiência que deve tentar transmitir, dá sem esperar recompensa. Ele estabelece limites à liberdade do filho, limites que permitem a este forjar a própria identidade. Em uma palavra, o genitor dispõe sobre a criança de uma autoridade à qual renunciará paulatinamente, à medida que a criança for adquirindo sua autonomia.

Nossas sociedades contemporâneas se caracterizam pelo esquecimento progressivo do papel constitutivo da família, percebida frequentemente como puro obstáculo, útil apenas enquanto a pessoa não ganha a vida; e por uma renúncia a assumir essa função de autoridade, em especial por parte daqueles a quem ela era atribuída tradicionalmente — os pais. A igualdade social entre os sexos — crescente, embora esteja longe de ser geral — embaralha ainda mais os contornos desse papel. A situação se agrava nos casos em que a mãe cria os filhos sozinha. É também mais difícil em numerosas famílias imigradas: os pais, pertencentes à "primeira geração", não dominam os códigos de comportamento na sociedade de acolhida, muitas vezes conhecem imperfeitamente o idioma e a escrita locais, realizam trabalhos mal remunerados e de pouco prestígio. Por conseguinte, mesmo quando estão fisicamente presentes, já não têm autoridade aos olhos de seus filhos. Esse desaparecimento do papel regulador da família produz como reação o apelo — populista! — a reforçar ainda mais a polícia, a construir mais prisões, a castigar mais pesadamente todas as infrações; em geral, a recorrer à justiça por qualquer questão de autoridade. Solução ilusória, é claro: a polícia não pode substituir as famílias.

Novas formas de autoridade estão sendo inventadas em nossos dias, mas ainda é cedo demais para avaliá-las. Uma coisa, porém, é certa: renunciar a exercer toda autoridade dentro da família cria mais problemas do que os resolve.

O INTERCÂMBIO COM OS ESTRANGEIROS

Antes da época contemporânea, o mundo jamais havia conhecido uma circulação tão intensa das populações que o habitam, nem encontros tão numerosos entre residentes originários de países diferentes. As razões desse movimento dos povos e dos indivíduos são múltiplas. A aceleração da comunicação aumenta a notoriedade dos artistas e dos eruditos, dos desportistas e dos militantes pela paz e pela justiça, pondo-os em contato com homens de todos os continentes. A rapidez e a facilidade das viagens incitam os habitantes dos países ricos a praticar um turismo de massa. A globalização da economia, por sua vez, obriga suas elites a ir aos quatro cantos do planeta, ao mesmo tempo que impele os operários a seguir para onde puderem encontrar trabalho. A população dos países pobres tenta por todos os meios ter acesso ao bem-estar dos países industrializados, a fim de encontrar ali as condições de uma vida decente. Outros fogem da violência que arrasa seus países: guerras, ditaduras, perseguições, atos terroristas. A essas causas dos deslocamentos das populações acrescentam-se, de alguns anos para cá, os efeitos do aquecimento climático, das secas e dos ciclones que ele provoca. Segundo o Alto Comissariado das Nações Unidas para os Refugiados, para cada centímetro de subida do nível dos oceanos haverá centenas de milhares de pessoas deslocadas no mundo. O século XXI se anuncia como aquele no qual muitíssimos homens e mulheres deverão deixar seus países de origem e adotar, de maneira provisória ou durável, o estatuto de estrangeiros.

Todo país diferencia seus cidadãos daqueles que não o são, isto é, precisamente, os estrangeiros. Uns não têm os mesmos direitos nem os mesmos deveres que os outros. Os estrangeiros têm o dever de submeter-se às leis do país onde habitam, ainda que não participem da gestão desse país. No entanto, não deixam de ser homens e mulheres como os outros, animados pelas mesmas ambições e maltratados pelas mesmas carências; simplesmente, são mais atingidos pela desgraça do que os outros e dirigem ao seu redor um pedido de ajuda. Isso nos concerne a todos, pois o estrangeiro não é apenas nosso próximo: somos nós mesmos ontem ou amanhã, ao sabor de um destino incerto. Cada um de nós é um estrangeiro em potencial.

A xenofobia é condenável; nem por isso conclui-se que a xenofilia é desejável. É preciso inclusive começar por admitir que a presença de estrangeiros numa comunidade pode — também — criar problemas. Não é porque eles são "árabes", ou "africanos", ou "muçulmanos", ou "magrebinos", mas porque, justamente, são estrangeiros. Cada indivíduo precisa receber certo reconhecimento social para poder sentir-se existindo; quando ele não o encontra, a violência pode parecer-lhe um meio de obtê-lo. Ora, o estrangeiro tem muito mais dificuldade do que o autóctone para conseguir esse reconhecimento social (a não ser que recorra aos seus próprios compatriotas, também exilados no novo país): com frequência, ele conhece mal a língua e os códigos culturais do país de adoção; além disso, sofre a animosidade dos autóctones, que consideram estranhas suas maneiras. Por conseguinte, não é de espantar que a criminalidade seja mais elevada entre esses estrangeiros em desvantagem (nem todos os estrangeiros, convém esclarecer, encontram-se nessa situação).

Muitas vezes, tal estado de coisas não se resolve na geração seguinte, entre os filhos de estrangeiros: os pais, embora tenham sido impelidos por razões econômicas ou políticas, emigraram por sua própria vontade, escolheram o lugar onde vivem; os filhos, não. Os pais possuíam de saída uma cultura, a de seu país de origem; os filhos já não a dominam, tampouco adquiriram uma nova; são ameaçados pela *desculturação*. Por isso, seu vocabulário fica reduzido aos termos mais indispensáveis à sobrevivência cotidiana, não lhes permitindo apreender a experiência em toda a sua complexidade. No lugar das formas múltiplas do reconhecimento, bem estabelecidas e diferenciadas, vem instalar-se unicamente a exigência de "respeito" e de prestígio: estes serão obtidos por quem tiver a faca mais ameaçadora e o cão mais feroz, os sapatos da melhor marca e o celular mais moderno. Esses jovens adultos não se reconhecem na sociedade que os rodeia, e por essa razão se dispõem a destruir os símbolos dela, ainda que esses gestos destrutivos lhes sejam prejudiciais, a eles e aos seus próximos: os carros que incendeiam são os de seus próprios pais e vizinhos, os elevadores que danificam são os dos prédios onde moram, os ônibus que atacam são os que servem aos seus bairros, as salas de esporte que saqueiam são as destinadas ao seu uso.

O perigo que deteriora a vida nas cidades desfavorecidas não é o islã, nem o multiculturalismo, nem, por si só, a presença de imigrados; é esse processo de desculturação, efeito das condições de vida ali dominantes. A resposta a essa dificuldade não consiste em difundir a ideia de que todos os imigrados são potenciais criminosos. As expulsões em massa, decididas com base em um total estabelecido de antemão, são chocantes por elas mesmas: ignora-se então, por princípio, a especificidade de cada caso, reduzindo os seres humanos a um número. Por que devolver à terra de origem indivíduos que habitam o país há vários anos, falam o idioma local, trabalham ali, têm vínculos familiares ali? Por que não aproveitar o fato de terem conseguido integrar-se sem ajuda exterior e de poderem, assim, tornar-se úteis ao país? Eles o farão tanto melhor quanto sua presença for regularizada.

VIVER MELHOR JUNTOS

Coloca-se, portanto, a pergunta: o que fazer para que a presença dos estrangeiros seja mais fácil para eles e mais benéfica para os autóctones? Toda sociedade é pluricultural, como vimos, e isso, em si, não traz nenhum problema. Mas os membros de uma sociedade também devem possuir elementos comuns, que lhes permitam viver juntos. A primeira exigência para todos os habitantes de um país, quer tenham nascido nele, quer venham de fora, é que respeitem as leis e as instituições locais, portanto que aceitem o contrato social de base. Em contraposição, não é permitido exercer um controle sobre a identidade cultural de uns e dos outros. Em geral, a cultura dos migrantes, diferente daquela da maioria, está destinada a somar-se ao coro de vozes que forma a cultura do país.

Contudo, certos costumes, elementos da tradição cultural, contrariam as leis do país onde vivem os que a praticam. O que fazer? A resposta de princípio não é complicada, ainda que sua aplicação a casos particulares possa apresentar um problema: em uma democracia, a lei está acima do costume. Se a lei não for infringida, isso significa que o costume em questão é tolerável: pode-se criticá-lo, mas não proibi-lo. Em contraposição, nenhuma circunstância atenuante pode ser concedida aos "crimes de honra", quando os pais de família ou os irmãos decidem punir suas filhas ou irmãs confinando-as, brutalizando-as ou mesmo matando-as. Tais crimes, violências ou assassinatos devem ser punidos com todo o rigor da lei, sem que sua absolvição em certas tradições seja aceita como desculpa. Em outros casos, disposições específicas permitem adaptar um determinado costume às circunstâncias do momento (não foi o que se decidiu fazer na França, ao promulgar uma lei sobre a burca).

Uma segunda regra da boa coexistência entre comunidades de origem diferente que habitam o mesmo solo é que elas devem possuir, além das tradições culturais que lhes são próprias, uma base cultural comum, um conjunto de conhecimentos sobre os códigos em vigor nessa sociedade. Tal é o papel da educação, em um sentido que engloba a escola, mas também a ultrapassa, a fim de incluir os responsáveis políticos do país. Seu objetivo é produzir um quadro comum, que permita às culturas múltiplas da sociedade comunicar-se entre si. Os códigos que se adquirem pela educação concernem menos aos valores morais e políticos, que são plurais, do que a esses elementos culturais que garantam o acesso de todos ao mesmo espaço social. Aqui, em primeiro lugar vem a língua, cujo domínio é essencial a toda participação na vida comum e à aquisição de qualquer outro elemento de cultura. Esse domínio interessa aos indivíduos mas também ao Estado, que assim aproveitará melhor as competências deles. Não seria abusivo tornar gratuito e obrigatório o ensino do idioma para todos os que não o sabem falar: tal investimento logo se revelará compensador.

Além da língua, os habitantes de um país precisam igualmente de uma memória comum. O papel da escola é transmiti-la, mas hoje ele é complicado pelo fato de que, na mesma turma, podem-se encontrar crianças provenientes de numerosos países. Deve-se procurar favorecer-lhes o acesso à sua cultura original? Esse não é o papel da escola pública, que visa a assegurar para todos o domínio da mesma cultura, garantia de uma vida social bem-sucedida. Pode-se, ainda assim, inflectir o próprio teor desse ensino. Os alunos devem aprender a história do país onde vivem, e que será provavelmente o quadro de sua futura existência, mas não se é obrigado a interpretar esse passado como um relato piedoso, no qual os nativos do país nunca desempenham mais do que dois papéis, heróis irrepreensíveis e vítimas inocentes. As situações opostas, que incitam a adotar um ponto de vista crítico sobre a própria comunidade, possuem uma virtude educativa superior. Os países ocidentais guerrearam entre si durante séculos, e também tentaram dominar as populações longínquas. Tomar conhecimento, hoje, da percepção que os adversários de outrora tinham desses episódios pode ser altamente instrutivo. Não se trata de substituir as lendas cor-de-rosa por uma lenda negra, mas de superar os hábitos maniqueístas que impõem a todos uma repartição rígida entre o Bem e o Mal. Esse trabalho se justifica menos pela análise da diversidade cultural do que pelo enriquecimento pessoal que suscita.

Ao lado do que os nativos podem fazer pelos estrangeiros, deve-se colocar o que estes são capazes de fazer por aqueles, e o que já fazem, conscientemente ou não. A imigração traz vários benefícios aos países da Europa Ocidental. Mesmo sem destacar que os imigrados recentes aceitam exercer ofícios desdenhados pelos autóctones, sabe-se que a imigração contribui para o rejuvenescimento necessário da população, aumentando assim a proporção dos ativos em relação aos aposentados. Em geral, os imigrados são animados por uma ambição e um dinamismo característicos de todos os recém-chegados, pelo espírito empreendedor e pela capacidade de inovação.

Sem saber, eles também prestam outro serviço à população que os acolhe: por sua diferença, permitem que esta se veja como que de fora, através do olhar de outrem, uma capacidade que faz parte da vocação da espécie humana. De fato, é pela maneira de perceber e de acolher os outros diferentes de nós que podemos medir o grau de nossa barbárie ou de nossa civilização. Os bárbaros são aqueles para os quais os outros, por não se assemelharem a eles, fazem parte de uma humanidade inferior e merecem ser tratados com desprezo ou condescendência. Ser civilizado não significa ter feito estudos superiores, ou ter lido muitos livros, e portanto possuir uma grande erudição: sabe-se muito bem que tais aquisições não impediram a execução de atos perfeitamente bárbaros. Ser civilizado significa ser capaz de reconhecer plenamente a humanidade dos outros, mesmo quando estes têm rostos e hábitos diferentes dos nossos; e também saber colocar-nos no lugar deles para nos enxergarmos de fora para dentro.

As grandes religiões do passado e do presente recomendam que o indivíduo pratique a hospitalidade, ajude os famintos e os sedentos, ame o próximo (o qual, como se sabe, não é o que está perto, mas o distante). Tal recomendação não pode ser dirigida aos Estados. É inegável, contudo, que seus dirigentes deveriam abster-se de alimentar as paixões políticas primitivas como a xenofobia. No mundo de hoje, onde os encontros com os estrangeiros estão fadados a multiplicar-se, cabe-nos tirar o melhor partido desses encontros, tanto na terra deles quanto na nossa, pela cooperação lá, pela integração aqui. As forças de nosso interesse e de nossa consciência nos impelem na mesma direção.

Se me demorei tanto sobre o lugar dos estrangeiros e dos imigrados numa sociedade moderna, sobre as relações que eles mantêm com os autóctones e sobre os benefícios que uns e outros poderiam extrair de sua convivência, foi porque a xenofobia e a rejeição aos imigrados estão no âmago da ideologia populista. Animada pela necessidade de encontrar explicações simples e compreensíveis para tudo o que perturba a existência cotidiana, essa ideologia precisa de um adversário familiar para fazê-lo arcar com a responsabilidade por nossas desgraças. Beneficiados hoje por meios de comunicação infinitamente superiores aos do passado, diante de um mundo que se tornou ininteligível para o simples mortal, os populistas têm boas chances de obter a adesão do público aos seus remédios miraculosos, por mais ilusórios que sejam. Recusam-se a olhar para além do presente, preferem ignorar os pontos de vista múltiplos, os conflitos de interesses, a heterogeneidade da sociedade. Embora invoquem o povo a cada instante, eles desviam a democracia de seu verdadeiro rumo e, assim como os adeptos do messianismo e do neoliberalismo, fazem-na correr um grave perigo.

7. O futuro da democracia

A DEMOCRACIA: SONHO E REALIDADE

Durante o inverno 2010-11, o mundo assistiu a um evento imprevisto: em vários países árabes do Oriente Próximo e do Oriente Médio, a população expressou espontaneamente sua condenação aos ditadores que a governavam e seu desejo de ver instaurar-se em suas pátrias um regime democrático. Em certos lugares, o movimento foi coroado de sucesso; em outros, encontrou uma resistência encarniçada, e o resultado do conflito ainda é incerto. Mas, seja qual for o destino político de todos esses países, já podemos considerar como estabelecido que o modelo democrático exerce hoje uma grande atração fora do mundo ocidental que o viu nascer. O fato é tanto mais impressionante quanto vemos esse mesmo modelo, já em ação na América Latina ou no Sudeste Asiático, desempenhar um papel — mais limitado, é verdade, pois o adversário é mais potente — na China: os dissidentes chineses também pregam a democracia. Nem por isso tal preferência por um regime político é acompanhada por uma aspiração a fundir-se no mundo ocidental. O ressentimento em relação a este último está bem vivo nesses países que foram vítimas do imperialismo e do colonialismo americano ou europeu. Portanto, é ainda mais revelador ver a sua população aspirar a mais democracia, um valor que todos prezam independentemente de sua origem.

Tal aspiração comporta vários ingredientes. Um deles se traduz por reivindicações econômicas. O estado de pobreza, ou mesmo de miséria, no qual vive grande parte da população tornou-se particularmente intolerável desde que as mídias passaram a difundir por toda parte as imagens da opulência em que vivem os privilegiados de um determinado país ou do resto do mundo. Embora não seja garantido que um regime mais democrático venha trazer prosperidade a todos, a possibilidade de escapar aos controles minuciosos do Estado, ou ao domínio dos amigos do poder sobre a economia, desperta a esperança de uma melhora. Mas essa preocupação econômica está longe de ser a única. Ao lado dela, ouve-se a reivindicação por um Estado de direito, no qual a vida dos cidadãos escape à corrupção dos funcionários públicos, ao nepotismo dos poderosos e ao arbítrio da polícia. Ou aquela pelas liberdades individuais básicas: o direito de expressar sem temor as próprias convicções políticas, as preferências religiosas ou a escolha do modo de vida. Pede-se também um pluralismo e uma liberdade maior para as mídias, assim como uma real independência para a justiça. Uma parte da população, familiarizada com as instituições democráticas, exige eleições livres, o pluripartidarismo e a duração limitada dos mandatos eletivos.

Esses movimentos, que foram chamados, talvez impropriamente, de "revoluções árabes", já trouxeram um primeiro resultado: mostraram que a população de vários países não europeus compartilha as aspirações dos povos europeus; nem a civilização árabe nem a religião muçulmana impedem de sentir atração pela democracia. Ao mesmo tempo, eles deram uma lição política que merece ser meditada: essa população rejeita a democracia quando esta lhe é imposta por bombardeios e acompanhada pela ocupação do país; e a defende, ao contrário, quando ela mesma está na origem da reivindicação. Descobre-se assim, nessa ocasião, que a maneira de alcançar um ideal pode ser ainda mais importante do que o conteúdo dele.

Facilitada pela revolução tecnológica trazida pela internet, e portanto pela incomparável liberdade com a qual as informações podem circular hoje, essa mutação consagra a necessidade dos indivíduos e dos povos no sentido de ter mais autonomia, de poder organizar suas vidas como bem entenderem. É esse fundamento social que lhe dá a força de um rolo compressor. Contudo, não é nem um pouco seguro que o regime ao qual chegarão os movimentos atuais será uma democracia semelhante às que existem no Ocidente, nem que esse regime, qualquer que seja, será mais afável em relação ao Ocidente do que as autocracias precedentes. A história recente nos mostrou várias vezes que uma revolução pode arrastar o país a um caminho funesto, que uma ditadura nova pode substituir a ditadura derrubada. É inegável, entretanto, que a ideia bastante genérica de um Estado democrático é hoje percebida positivamente no mundo inteiro.

Esse sentimento já estava bem presente nos países do Leste Europeu na segunda metade do século XX, mais particularmente no final dos anos 80. Posso dar meu testemunho: as democracias ocidentais nos atraíam porque eram mais prósperas e, ao mesmo tempo, porque asseguravam a liberdade individual de seus habitantes, haviam instaurado o reinado imparcial do direito e atribuído o poder ao povo: de fato, por ocasião das eleições seguintes, este podia demitir seus dirigentes. Nossos regimes de outrora também se autodenominavam democracias — acrescentava-se "populares", como que para preencher, pela redundância das palavras, a ausência das coisas —, mas nós pensávamos que a verdadeira democracia estava em outros lugares, e ela permanecia como nosso ideal. As diferenças entre essa antiga onda de democratização e aquela à qual assistimos neste momento existem, mas situam-se em outro plano: para nós, europeus do Leste, alcançar a democracia significava juntar-se ao coro das nações europeias — o que não é o caso dos países árabes hoje. Por outro lado, estes últimos não são controlados por um centro único, ao passo que todos nós dependíamos de Moscou.

A fé que nós tínhamos na superioridade dos valores democráticos se manteve naqueles que, nesse ínterim, fugiram do paraíso comunista e que, como eu, se instalaram no Ocidente. Com frequência, era justamente entre eles que se recrutavam os defensores mais incondicionais dos valores ocidentais, aqueles que não hesitavam em recomendar qualquer meio para impô-los na parte do mundo de onde eles vinham. Lembro-me ainda de uma barulhenta assembleia, em 1967, na Universidade de Yale, nos Estados Unidos, na qual, com uma certa coragem, um emigrado tcheco defendia a intervenção americana no Vietnã. Os mais belicosos entre os anticomunistas eram os ex-comunistas convertidos, que assim esconjuravam seu próprio passado. Assiste-se hoje ao mesmo fenômeno: com frequência, os partidários mais ardentes das intervenções militares ocidentais no Oriente Próximo e Médio são os exilados iraquianos, afegãos ou líbios, vítimas de seus regimes repressivos, mas às vezes também antigos privilegiados decepcionados. A indolência de seus interlocutores ocidentais deixa-os indignados, e eles não hesitam em interpelá-los: Como vocês podem ficar de braços cruzados, enquanto meu povo sofre? Acham que ele é composto de sub-homens, ainda indignos do regime democrático de vocês?

Eu gosto de citar uma frase de Benjamin Constant, que, falando da vida íntima dos indivíduos, observa: "O objeto que escapa a vocês é necessariamente bem diferente daquele que os persegue".[1] Com isso ele lembra que, no mundo das paixões e dos desejos humanos, a posição de um objeto importa mais do que sua substância. Sou tentado a ampliar o alcance da observação de Constant. Agora que a duração de minha vida no Ocidente é duas vezes mais longa do que aquela passada em meu país natal, continuo a compreender a reação de meus antigos compatriotas, mas não posso me contentar com ela. Com o tempo, acabei por compartilhar o ponto de vista dos que, em vez de sonhar com o regime democrático como um ideal, nasceram nele, e para os quais a superioridade da democracia em relação ao totalitarismo ou às ditaduras opressivas não basta para trazer-lhes a felicidade. Com frequência eles adotam uma posição crítica perante seu próprio país — não, verdade seja dita, por comparação com um suposto paraíso em outra parte, como no tempo da triunfante propaganda soviética, mas por comparação entre o país real e seu ideal político oficial. Eles fazem essa crítica não por nostalgia de um passado extinto, mas animados pelo desejo de um futuro melhor. Chega-se assim a este resultado paradoxal, e no entanto bem compreensível na lógica revelada por Constant: a democracia que lhes falta é necessariamente mais admirável do que aquela de que vocês já dispõem. É verdade que a capacidade de submeter sua própria sociedade à crítica faz parte das conquistas incontestáveis desse regime político e do pensamento iluminista que o inspira.

Como assinalei no início deste livro, o regime democrático não se reduz a uma característica única, mas sim exige a articulação e o equilíbrio entre vários princípios separados. Daí sua força e, ao mesmo tempo, sua fraqueza: por si só, nenhum princípio basta para garantir a qualidade do Estado em que se vive, nenhum objetivo é incondicionalmente bom. Por exemplo, é preferível que o chefe do Estado, ou do governo, seja eleito pelo povo, e não imposto em virtude de seu pertencimento a uma família (real) ou pela força de um golpe de Estado militar; contudo, não existe nisso nenhuma garantia de que essa escolha terá sido a melhor. É como me dizia um dia desses um amigo: Chávez foi legalmente eleito na Venezuela, Berlusconi também, até mesmo várias vezes, na Itália, Orban o foi recentemente na Hungria (meu amigo não acrescentou: como Hitler na Alemanha). No entanto, as ações políticas deles não ilustram uma promoção dos valores democráticos. É verdade, mas a democracia nunca teve a pretensão de ser infalível, como era o caso dos regimes comunistas. Outros elementos da construção democrática devem servir de contrapeso às derivas de um chefe, motivo pelo qual os três acima citados se confrontaram com certas regras fundamentais: Chávez queria tornar-se presidente vitalício; Berlusconi, escapar à justiça de seu país; e Orban, amordaçar a liberdade de imprensa. O fato de terem fracassado (à diferença de Hitler) é um sinal de vitalidade democrática.

É justamente porque esse tipo de regime repousa ao mesmo tempo sobre vários princípios que a hipertrofia de um deles, em detrimento dos outros, ameaça o conjunto.

Assim, garantir o bem-estar material da população é um resultado desejável; mas, se esse objetivo for buscado com a exclusão de qualquer outro, acaba-se por viver em um mundo fadado ao culto do dinheiro, ao consumo desenfreado e aos divertimentos ininterruptos. Esquece-se então que a prosperidade é apenas um meio, e não um fim.

As intenções pacíficas dos Estados democráticos, altamente proclamadas, não os impedem de travar ao longe guerras justificadas pela ideia de que eles estão levando o progresso e defendendo os valores universais, hoje identificados aos direitos humanos. Ora, para as populações que as sofrem, essas guerras conduzidas em nome de valores sublimes têm consequências não menos desastrosas do que as das guerras destinadas a obter mais poder e mais riquezas.

Exigir que o povo seja a fonte do poder é justo, mas as sociedades midiáticas de hoje facilitam a manipulação do chamado povo e acarretam a supressão dos corretivos institucionais previstos para limitar os excessos das paixões populares. A democracia se vê então substituída pelo populismo, que ignora a diversidade interior da sociedade e a exigência de visar, para além das satisfações imediatas, às necessidades do país a longo prazo.

A liberdade individual é uma exigência fundamental da democracia, e no entanto, como já se viu, pode transformar-se em ameaça. A emancipação diante dos vínculos sociais tradicionais, provenientes da família, do ambiente profissional, do enraizamento regional, uniformiza paradoxalmente os indivíduos, que ingerem todo o tempo as mesmas informações, as mesmas propagandas, as mesmas incitações; com isso, as restrições exteriores afastadas se veem substituídas por um conformismo não menos restritivo. Ao mesmo tempo, a liberdade permite dispor de um poder; mas certos poderes individuais escapam a todo controle e a toda limitação, contrariando assim a regra de ouro de Montesquieu. Hoje, o poder político é incapaz, ou pouco desejoso, de limitar o poder econômico das multinacionais, dos bancos ou das agências de classificação de risco. Ora, a liberdade absoluta dos indivíduos não é um objetivo desejável; é próprio das sociedades humanas constituírem-se a partir de proibições e de regras que organizam a vida comum.

O aspecto compartilhado por todas essas derivas é que elas não provêm de ataques vindos de fora, mas dos princípios internos à própria democracia. Como disse o diretor Stanley Kubrick na época em que realizava seu filme *Nascido para matar* (1987), ao descrever a preparação dos marines antes que partissem para combater no Vietnã: "Nós encontramos o inimigo, e somos nós".

Nenhuma ilusão é mais difícil de expulsar do que aquela que nos faz acreditar que nosso modo de vida é preferível ao das pessoas que vivem em outros lugares ou que viveram outrora. Já não acreditamos na ideia de um progresso linear e contínuo, mas isso não nos impede de esperar avançar na direção certa; vimos que essa perspectiva era inerente ao projeto democrático. No entanto, a darmos crédito a certos observadores, nossa época, longe de ser marcada por um processo de *civilização*, ilustra um estado de *brutalização* crescente; como prova disso, o cruel século XX...

Hoje a situação é sem dúvida menos dramática, mas a euforia não é o sentimento dominante na vida dos países democráticos. Em 2011, na Europa, tratou-se sobretudo da crise e da fraqueza europeia, da incapacidade manifestada pelos Estados pertencentes à União Europeia de entrarem em acordo quanto à política que devem conduzir, ainda que ela parecesse indispensável, ou ainda da fragilidade da jovem moeda europeia, o euro. Na maioria das vezes, os chefes desses Estados se comportam como os indivíduos que preferem ocupar-se de seus próprios interesses e ignorar a necessidade de defender o bem comum. A esperança de ver a Europa tornar-se uma "potência tranquila" não está próxima de se ver concretizada. Nos Estados Unidos, o influente movimento Tea Party desvia a política interna e externa do país para um sentido oposto à solidariedade; toda intervenção governamental em favor do bem comum é vista como suspeita. Seus partidários, como os poujadistas na França, mais de meio século atrás, exigem a redução drástica dos impostos e o abandono de toda redistribuição das riquezas. O presidente Obama, que no entanto aspira a ocupar uma posição centrista de compromisso, é impotente para promover suas reformas de proteção social ou de moderação ecológica e se vê pintado por seus adversários como um perigoso extremista (a escolher: comunista sanguinário ou terrorista árabe).

As guerras "humanitárias" suscitam poucas resistências nos países que as conduzem e até desfrutam de uma boa reputação, tornando-se a norma das intervenções militares ocidentais, sem que se perceba que elas representam uma ressurgência do messianismo político. A ideologia ultraliberal, apesar das crises que provoca, continua dominando os círculos governamentais de numerosos países. O populismo e a xenofobia crescem, garantindo o sucesso dos partidos extremistas.

A democracia está doente de seu descomedimento: a liberdade torna-se tirania, o povo se transforma em massa manipulável, o desejo de promover o progresso se converte em espírito de cruzada. A economia, o Estado e o direito deixam de ser meios destinados ao florescimento de todos e participam agora de um processo de desumanização. Em certos dias, esse processo me parece irreversível.

Viver numa democracia continua sendo preferível à submissão a um Estado totalitário, a uma ditadura militar ou a um regime feudal obscurantista. Mas, corroída assim por seus inimigos íntimos, engendrados por ela mesma, a democracia já não está à altura de suas promessas. Seus inimigos têm uma aparência menos assustadora do que os de ontem, que a atacavam de fora; não projetam instaurar a ditadura do proletariado, não preparam um golpe de Estado militar, não cometem atentados suicidas em nome de um deus impiedoso. Eles usam os trajes da democracia, e por essa razão podem passar despercebidos. Nem por isso deixam de representar um verdadeiro perigo: se não lhes for oposta nenhuma resistência, um dia eles acabarão por esvaziar esse regime político de sua substância. Conduzirão a um desapossamento dos seres e a uma desumanização de suas vidas.

Nós sempre preferimos pensar que aquilo que condenamos

nos é inteiramente estranho. A ideia de que possamos assemelhar-nos àqueles que habitualmente execramos é tão insuportável que nos apressamos a erigir, entre eles e nós, paredes que desejaríamos estanques. Pois bem: sem querer cair no outro extremo, e assimilar uns aos outros os diferentes regimes políticos, temos todo o interesse em reconhecer, ao lado de oposições indiscutíveis, a presença frequente de um quadro comum. Como a democracia, o totalitarismo invoca o pensamento racional e a ciência. A democracia não se confunde nem com o colonialismo nem com o comunismo, e no entanto os três são animados por um espírito messiânico. Esse parentesco, entretanto, era dissimulado pela confrontação global entre países totalitários e países democráticos que dominou a história do século XX. O campo soviético, no qual os imensos recursos de um país-continente eram postos a serviço da ideologia comunista, tornara-se um verdadeiro rival e inimigo, o que legitimava a insistência quanto às diferenças: ele era, nem mais nem menos, "o império do Mal". Sua derrocada no fim da Guerra Fria trouxe a vantagem de libertar sua população, mas também o inconveniente de privar desse contrapoder as potências ocidentais, para as quais ele funcionava como um freio às suas aspirações hegemônicas. Elas perderam ao mesmo tempo esse parceiro-contraste que as incitava involuntariamente a comportar-se de maneira virtuosa para ressaltar as diferenças entre os dois lados.

Uma reticência semelhante quanto a descobrir qualquer parentesco com o inimigo aparecera após o desabamento do totalitarismo nazista. A partir do fim da Segunda Guerra Mundial e das revelações sobre os crimes do nazismo, em particular a destruição e a redução à escravatura de populações inteiras nos campos de extermínio e de concentração, a opinião pública ocidental sempre quis insistir na distância que nos separa desses monstros. Até hoje, elevam-se protestos sempre que um historiador, um romancista, um cineasta atribui aos executantes desses atos motivações que nós poderíamos compartilhar. Declara-se então que desejar compreender ou mesmo simplesmente contextualizar os acontecimentos do passado corresponde a desculpá-los. Transtorna-nos pensar que Hitler era um ser humano que compartilhava conosco certos traços. Esse mal é apavorante, e portanto preferimos considerá-lo uma anomalia monstruosa, exterior à nossa história e à nossa natureza.

No entanto, não faltaram vozes minoritárias para afirmar o contrário, embora houvesse menos disposição para ouvi-las. Ao refletir sobre a história intelectual do nazismo, George L. Mosse, um dos mais perspicazes especialistas no assunto, observava que o racismo no qual se baseava essa doutrina compartilhava traços com outras bem mais respeitáveis. O racismo, escreve ele, "não constitui uma aberração do pensamento europeu ou de momentos isolados de loucura, mas uma parte integrante da experiência europeia", está "associado a todas as virtudes que os tempos modernos não cessaram de elogiar".[2] Combatente das Forças Aéreas Francesas Livres durante a guerra, Romain Gary havia procurado revelar, desde seus primeiros livros, a humanidade do inimigo ou, o que dá no mesmo, nossa própria desumanidade. Em seu romance *Tulipe*, publicado em 1946, o tio Nat, um negro do Harlem, declara: "O que há de criminoso no alemão é o Homem". Mais tarde, em *La bonne moitié* [A boa metade], o argelino Raton diz ao seu amigo Luc: "Sabe quantos são eles no mundo, os *chleuhs*?* Três bilhões".[3] Para Gary, já não são apenas os tempos modernos que convém lembrar para explicar o nazismo, mas toda a história da humanidade.

Descobrir o inimigo dentro de nós é muito mais inquietante

* Em sentido pejorativo, "alemães". Originariamente, o termo identifica um povo berbere do sudoeste do Marrocos. (N. T.)

do que imaginá-lo longe de nós, e totalmente diferente. Enquanto a democracia tinha um inimigo horrendo, o totalitarismo nazista ou comunista, ela podia viver na ignorância de suas ameaças interiores; hoje, deve enfrentá-las. Quais são suas chances para superá-las?

Não creio que uma guinada radical seja possível (tampouco desejável, aliás), nem que uma revolução pudesse resolver todos os problemas. As mutações atuais da democracia não resultam de um complô nem de uma intenção maligna, e por isso são difíceis de frear. Elas provêm de uma evolução das mentalidades, por sua vez ligada a uma série de mudanças múltiplas, anônimas, subterrâneas, que vão da tecnologia à demografia, passando pela geopolítica. A promoção do indivíduo, a autonomização da economia, o mercantilismo da sociedade não podem ser suprimidos por um decreto da Assembleia Nacional nem pela tomada de uma nova Bastilha. A experiência dos regimes totalitários aí está para lembrar-nos que, quando ignora essas grandes linhas de força históricas, o homem se dirige inevitavelmente para a catástrofe. Também não creio que a salvação reside numa inovação tecnológica qualquer, que tornasse a vida de todos mais fácil. A técnica fez progressos excepcionais ao longo do século recém-passado, permitindo dominar cada vez melhor a matéria, mas esses mesmos progressos têm uma consequência surpreendente: a conscientização de que nenhuma técnica poderá jamais satisfazer todas as nossas expectativas. Não basta aperfeiçoar indefinidamente os instrumentos, é preciso encarar ao mesmo tempo a questão dos objetivos que se quer atingir: em que mundo desejamos viver? Que vida queremos levar?

Não acredito em nenhuma dessas soluções radicais. Tal reticência às vezes leva à resignação, ao cinismo ou ao que alguns chamam de *nadismo*,[4] a convicção de que todos os procedimentos humanos são vãos e de que o mundo caminha para sua perda; mas não é o meu caso. Se me interrogo sobre as fontes dessa disposição de espírito — positiva, em todo caso —, encontro-as, à parte minha possível ingenuidade, no comportamento cotidiano dos indivíduos com quem convivo. Os atos egoístas ou autoritários ou malévolos não faltam, mas vejo esses indivíduos animados igualmente pelo amor e pela dedicação aos outros, próximos ou distantes, pela paixão dedicada ao conhecimento e à verdade, pela necessidade de criar sentido e beleza ao seu redor. Esses impulsos não concernem apenas à vida privada, e provêm de traços antropológicos inerentes à nossa espécie; encontram-se em certas instituições ou certos projetos sociais, graças aos quais todo habitante do país pode beneficiar-se da ação da justiça, de seu sistema de saúde, da educação pública, dos serviços sociais.

Não sei como a energia da qual esses comportamentos são testemunhas poderá contribuir para aperfeiçoar nossa vida política, mas não consigo imaginar que ela permaneça eternamente sem consequências.

RUMO A UMA RENOVAÇÃO?

Mais do que na revolução política ou tecnológica, buscarei o remédio para nossos males numa evolução das mentalidades que permitiria recuperar o entusiasmo do projeto democrático e equilibrar melhor seus grandes princípios: poder do povo, fé no progresso, liberdades individuais, economia de mercado, direitos naturais, sacralização do humano. Podem-se observar ao nosso redor alguns indícios da necessidade que se sente disso. É o caso dos debates provocados pela recente crise financeira (não se lhes seguiram efeitos concretos, mas pelo menos as questões centrais foram colocadas) ou pelos acidentes tecnológicos (o de Fukushima provocou a renúncia à energia nuclear na Alemanha). Ou ainda, em gênero totalmente diverso, o das manifestações de rua em vários países europeus, como na Espanha ou na Grécia, organizadas pelos "indignados", esses jovens cuja exigência não é que se substitua a democracia por outro regime, mas que a realidade dela seja mais próxima de seu ideal: "Democracia já!". Trata-se de um movimento espontâneo, pouco articulado, que não sabe formular propostas concretas; no entanto, seu sentido aparece muito claramente: ele rejeita a guinada neoliberal dada pelos governos desses países. Ainda não podemos saber qual será seu resultado, uma regeneração da democracia ou um aumento do populismo; mas está claro que ele expressa uma insatisfação com o regime, tal como funciona atualmente.

Os objetivos da ação política não decorrem do conhecimento do mundo, contrariamente ao que os cientificistas sustentavam. No entanto, se compreendermos mal a sociedade em que vivemos, arriscamo-nos a agir em sentido inverso. Por isso é desejável levar em conta o que as ciências humanas e sociais nos ensinam sobre as características da vida individual e coletiva dos homens. O realismo, aqui, não se opõe nem ao idealismo nem à política inspirada em objetivos morais; situa-se para além da dupla formada por imobilismo conservador e voluntarismo cego, resignação passiva e devaneio ingênuo. Somente esse realismo corresponde à vocação do homem político. Não podemos pensar adequadamente o futuro da democracia se acreditamos que o desejo de enriquecer corresponde ao bem supremo do ser humano, ou que a vida em sociedade é uma escolha entre outras, uma opção facultativa, de certa forma.

De alguns anos para cá, desenvolveu-se um pensamento ecológico nem um pouco oposto à ciência, o qual deseja substituir uma ciência muito parcial por outra, mais completa, que leve em conta não somente os seres humanos, mas também o ambiente natural em que eles vivem. Essa ecologia da natureza deve, por sua vez, ser completada. Para citar novamente Flahault: "A ecologia tal como a conhecemos hoje ainda não passa de uma ecologia restrita, na medida em que se contenta com levar em consideração o ser humano como organismo físico que vive sobre esta terra. Uma ecologia generalizada pensa a cultura e a sociedade, assim como a ecologia já pensa nosso ambiente físico; portanto, interessa-se pelas condições da existência psíquica, por sua vulnerabilidade e pela dos ecossistemas sociais".[5] O pertencimento cultural, a vida em sociedade fazem parte da natureza humana.

É no quadro de uma tal ecologia social e política que poderemos levar em conta a complementaridade entre indivíduo e coletividade, objetivos econômicos e aspiração ao sentido, desejo de independência e necessidade de apego. É ainda nesse quadro que poderemos ver por que convém resistir aos efeitos do neoliberalismo, tais como a substituição sistemática da lei pelos contratos, as técnicas de management desumanizantes ou a busca do lucro máximo e imediato. E, também, que poderemos refletir com proveito sobre as vantagens e os inconvenientes da diversidade cultural ou da imposição dos mesmos valores morais a todos.

Se nos voltarmos para a cena mundial, e não mais para a de um Estado, as lições da ecologia da natureza deverão, de novo, ser completadas pelas da ecologia social. A primeira nos alerta: a população do globo aumenta incessantemente, os habitantes de numerosos países têm agora os meios para elevar seu nível de vida, ao passo que os recursos terrestres em energia, em água ou em terras férteis são limitados. A segunda nos ensina que se acabou o tempo da hegemonia mundial de um só país ou mesmo de um grupo de países, que a humilhação infligida aos outros por uma política arrogante gera um ressentimento de consequências nefastas e duráveis, que não se pode impor o Bem aos outros, mesmo quando se está sinceramente convencido de sua superioridade (como ilustram claramente os destinos movimentados da democracia no Oriente Médio). Isso significa que entramos em um mundo multipolar no qual a negociação e a busca do interesse mútuo dão melhores resultados do que a dominação, ainda que esta seja exercida em nome do Bem. Contudo, essa nova perspectiva sobre as relações internacionais não leva a concluir, à maneira de Bastiat, que avançamos tranquilamente para a harmonia universal: os interesses dos grupos permanecem divergentes, a agressão é sempre possível, e portanto a capacidade de defesa continua necessária.

Eu gostaria de pensar que essa renovação democrática encontrará um lugar propício no continente que assistiu ao nascimento desse tipo de regime: a Europa. É fácil compreender por que o quadro da União Europeia é preferível àquele dos Estados-nações desse mesmo continente, que dominavam o mundo há somente cem anos, às vésperas da Primeira Guerra Mundial: hoje, esses Estados ficaram demasiado fracos para ter a capacidade de inflectir o processo de globalização no sentido que eles julgam útil e de exercer um papel ativo em escala mundial. Mas o continente europeu também tem algumas vantagens a explorar em comparação com outros países de dimensões imponentes, países-continentes como a China, a Índia, a Rússia, os Estados Unidos, o Brasil. É verdade que, para ter consciência disso, é preciso tomar certo recuo em relação à atualidade. Por enquanto, as vantagens da Europa são apenas potenciais — mas nem por isso menos reais. E é possível que um dia a tartaruga europeia ultrapasse as lebres que atualmente correm à sua frente — sobretudo se ficar claro que estas não tomaram a direção certa.

Tais vantagens se resumem essencialmente a uma longa prática do pluralismo: o das etnias, muito diferenciadas entre si pela própria natureza das terras que elas habitam, separadas umas das outras por mares e altas montanhas, mas obrigadas a frequentar-se; o das famílias de pensamento que, desde a Antiguidade, se confrontam e se influenciam mutuamente: sofistas e platônicos, cristãos ortodoxos e heréticos, humanistas e anti-humanistas, liberais e socialistas... Prática, como se sabe, dramaticamente insuficiente para impedir os massacres que ensanguentaram essas terras; ainda assim, ela contribuiu para formar uma base de valores que deveriam permitir opor-se às diversas formas de desumanização, aquelas que, hoje, vão desde a programação dos cérebros até a toyotização dos comportamentos.

Essas características das populações europeias não bastam para impedir os descaminhos da democracia que são o messianismo, o ultraliberalismo ou o populismo, mas constituem um terreno a partir do qual pode desencadear-se a resistência. Se pelo menos conseguisse apoderar-se da chance que se lhe apresenta de reconstruir assim a democracia, a Europa contribuiria para aperfeiçoar um modelo que permitiria sair da oposição estéril entre sociedade patriarcal repressiva e sociedade ultraliberal desumanizada, modelo que outros países seguiriam de bom grado, em outras partes do mundo. E começa-se a sonhar com uma "primavera europeia" que viesse após a "primavera árabe", e que devolvesse todo o sentido à aventura democrática, desencadeada algumas centenas de anos atrás. Não terá chegado o momento de ouvir e pôr em prática este apelo atual: "Democracia já"?

Todos nós, habitantes da Terra, estamos envolvidos hoje na mesma aventura, condenados a ter êxito ou a fracassar juntos. Embora o indivíduo isolado seja impotente diante da enormidade dos desafios, mantém-se a verdade: a história não obedece a leis imutáveis, a Providência não decide quanto ao nosso destino. O futuro depende das vontades humanas.

Notas

1. O MAL-ESTAR NA DEMOCRACIA [pp. 9-20]

1. Heródoto — Tucídides, *Œuvres complètes*. Paris: Gallimard, 1964; *L'enquête*, VII, 10, p. 467. Coleção Pléiade. [Heródoto, *História*. Trad. de Mário da Gama Kury. Brasília: Editora Universidade de Brasília, 1988.]

2. UMA CONTROVÉRSIA ANTIGA [pp. 21-38]

1. Minha leitura desse episódio histórico deve muito a Peter Brown, *Augustin of Hippo, A biography*. Berkeley e Los Angeles: University of California Press, 2000 [*Santo Agostinho: uma biografia*. Trad. de Vera Ribeiro. Rio de Janeiro: Record, 2005.]; e a François Flahault, *Adam et Eve, La condition humaine*. Paris: Mille et Une Nuits, 2007.

2. Cito os escritos de Pelágio segundo B. R. Rees, *Pelagius, life and letters*. Woodbridge: The Boydell Press, 1998.

3. François Dolbeau, "Le sermon 348A de saint Augustin contre Pélage". In: *Recherches augustiniennes*, nº 28, 1995, p. 40.

4. Santo Agostinho, *Les confessions*. Paris: GF-Flammarion, 1964. [*Confissões*. Trad. de J. Oliveira Santos e A. Ambrósio de Pina. São Paulo: Abril Cultural, 1984.]

5. Blaise Pascal, *Pensées*, Br. 430. Paris: Garnier, 1964. [*Pensamentos*. In:

Pascal. Trad. de Sérgio Milliet. São Paulo: Abril Cultural, 1972. Coleção Os Pensadores.]

6. Louis Dumont, *Essais sur l'individualisme*. Paris: Le Seuil, 1983, pp. 59-67.

7. Pico della Mirandola, *La dignité de l'homme*. Combas: Ed. de l'Éclat, 1993; Erasmo de Roterdã, "Diatribe sur le libre arbitre". In: *Œuvres*. Paris: LGF, 1991; Michel de Montaigne, *Les essais*. Paris: Arléa, 1992, I, 28 e I, 26. [*Os ensaios — Uma seleção*. Trad. de Rosa Freire d'Aguiar. São Paulo: Companhia das Letras/ Penguin, 2010.

8. René Descartes, *Les passions de l'âme*, 152. In: *Œuvres et lettres*. Paris: Gallimard, 1953. Coleção Pléiade. [*As paixões da alma*. Trad. de J. Guinsburg e Bento Prado Júnior. 5ª ed. São Paulo: Nova Cultural, 1991, pp. 73-154. Coleção Os Pensadores.]

9. Montesquieu, *De l'esprit des lois*. In: *Œuvres complètes*. Paris: Le Seuil,1964, I, 1; XI, 6. [*O espírito das leis*. Apres. de Renato Janine Ribeiro; trad. de Cristina Murachco. São Paulo: Martins Fontes, 2005.]

10. Jean-Jacques Rousseau, *Œuvres complètes*. Paris: Gallimard, 1959-95, t. II; *Le contrat social*, I, 4; t. IV; *Lettre à Beaumont*, p. 962. Coleção Pléiade. [*O contrato social: princípios do direito político*. Trad. de Antônio de Paula Danesi. São Paulo: Martins Fontes, 2006.]

11. Montesquieu, op. cit., XI, 4.

12. Jean-Jacques Rousseau, *Essai sur l'origine des langues*. In: *Œuvres complètes*, t. V, IX, p. 401 [*Ensaio sobre a origem das línguas*. Campinas: Editora da Unicamp, 2006]; *Discours sur l'origine de l'inégalité*. In: *Œuvres complètes*, t. III, II, pp. 175, 171 [*Discurso sobre a origem e os fundamentos da desigualdade entre os homens*. Trad. de Maria Ermantina Galvão. São Paulo: Martins Fontes, 1999]; "Lettre sur la vertu, l'individu et la société", *Annales de la société Jean-Jacques Rousseau*, XLI, 1997, p. 325.

3. O MESSIANISMO POLÍTICO [pp. 39-88]

1. Rabaut Saint-Étienne, *Considérations sur les intérêts du Tiers-État*, 2e ed., 1788, p.13.

2. Saint-Just, *Discours sur la Constitution à donner à la France*, 24 abr. 1793. In: *Œuvres*, 1834, p. 74.

3. Condorcet, *Cinq mémoires sur l'instruction publique*. Paris: GF-Flammarion, 1994. [*Cinco memórias sobre a instrução pública*. Trad. e apres. de Maria das Graças de Souza. São Paulo: Ed. Unesp, 2008.]

4. Apud David Bell, *La première guerre totale*. Seyssel: Champ Vallon, 2010, p. 163, cuja análise eu sigo aqui.

5. Id., ibid., p. 133.

6. Id., ibid., pp. 163, 205, 207.

7. Id., ibid., pp. 236, 313.

8. Id., ibid., p. 316.

9. Condorcet, *Esquisse d'un tableau historique des progrès de l'esprit humain*. Paris: Vrin, 1970, pp. 204, 206. [*Esboço de um quadro histórico dos progressos do espírito humano*. Trad. de Carlos Alberto Ribeiro de Moura. Campinas: Editora da Unicamp, 1993.]

10. Apud Lucien Febvre, "Civilisation, évolution d'un mot et d'un groupe d'idées". In: *Civilisation, le mot et e'idée*. Paris: La Renaissance du livre, 1930, p. 47; David Bell, op. cit., p. 244.

11. Jules Ferry, discurso de 28 jul. 1885. In: *Discours et opinions*, 7 vol., t. I, 1885, pp. 210-1.

12. François Furet, *La Révolution*. Paris: Hachette, 1988, t. I, p. 309.

13. David Bell, op. cit., pp. 89-90.

14. Karl Marx; Friedrich Engels, *Manifeste du Parti Communiste*. Paris: GF-Flammarion, 1998, II, p. 92. [*Manifesto do Partido Comunista*. Trad. de Marco Aurélio Nogueira, Leandro Konder. Petrópolis: Vozes, 2000.]

15. Id., ibid., I, p. 89; II, p. 95; II, p. 100; IV, p. 119.

16. Cf. Martin Malia, *Histoire des révolutions*. Paris: Talandier, 2008; Points-Seuil, 2010, pp. 334, 369.

17. Analisei-o mais longamente em meu livro *Mémoire du mal, tentation du bien*. Paris: Robert Laffont, 2000, pp. 257-308 [*Memória do mal, tentação do bem. Indagações sobre o século XX*. Trad. de Joana Angélica D'Avila Melo. São Paulo: Arx, 2002]; e retomei-o agora em *Le siècle des totalitarismes*. Paris: Robert Laffont, 2010, pp. 783-842. Coleção Bouquins.

18. Charles Péguy, *L'argent suite*. Paris, 1913, p. 149.

19. Dediquei dois livros à Guerra do Iraque e às suas consequências: *Le nouveau désordre mondial*, Paris: Robert Laffont, 2003 [*A nova desordem mundial*, Lisboa: Edições Asa, 2006]; e *La peur des barbares*, Paris: Robert Laffont, 2008 [*O medo dos bárbaros: para além do choque das civilizações*. Trad. de Guilherme João de Freitas Teixeira. Rio de Janeiro: Vozes, 2010.]

20. H. D. S. Greenway, "Fatal combination of hubris and incompetence", *Boston Globe*, 3 set. 2003; M. Scheuer, *Imperial hubris: why the West is losing the war on terror*, Washington, D. C.: Potomak, 2005; M. Issikoff e D. Corn, *Hubris: the inside story of spin, scandal, and the selling of the Iraq War*. New York: Crown, 2006; D. Owen, *The hubris syndrom: Bush, Blair and the intoxication of power*. Londres: Politico's, 2007.

21. Serge Portelli, "Les mots, première dérive, premier combat". In: *Mémoires*, nº 53, 2011, p. 8.

22. Michael T. Flynn, *Fixing Intel: A blueprint for making intelligence relevant in Afghanisthan*. Washington D. C.: Center for a New American Century, 2010, p. 8.

23. Cf. *Le Monde* de 13-14 de março de 2011.

24. Blaise Pascal, *Pensées*, op. cit., Br. 358.

4. A TIRANIA DOS INDIVÍDUOS [pp. 89-115]

1. Benjamin Constant, *Principes de politique applicables à tous les gouvernements*. Genebra: Droz, 1980, II, 1, p. 49. [*Princípios de política aplicáveis a todos os governos*. Trad. de Joubert de Oliveira Brízida. Rio de Janeiro: TopBooks, 2007.]

2. Id., ibid., II, 6, p. 58; XII, 1, p. 275.

3. Louis Dumont, *Homo aequalis*. Paris: Gallimard, 1977, p. 15. [*Homo aequalis: gênese e plenitude da ideologia econômica*. Trad. de José Leonardo Nascimento. Bauru: Edusc, 2000.]

4. Helvetius, *De l'esprit*. Fayard, 1988, p. 9. [*Do Espírito*. Trad. de Nelson Aguilar. In: *Textos escolhidos: Condillac, Helvetius, Degerando*. São Paulo: Abril Cultural, 1973. Coleção Os Pensadores.]

5. Benjamin Constant, "Additions" (1810) aos *Principes de politique*, op. cit., p. 531.

6. Cf. François Flahault, *Le crépuscule de Prométhée*. Paris: Mille et Une Nuits, 2008, pp. 60-76.

7. Jean-Jacques Rousseau, *Émile*. In: *Œuvres complètes, op. cit.*, t. IV, II, p. 311. [*Emílio ou da educação*. Trad. de Roberto Leal Ferreira. São Paulo: Martins Fontes, 2004.]

8. Benjamin Constant, *Commentaire sur l'ouvrage de Filangieri*. Paris: Les Belles-lettres, 2004, I, 7, pp. 51-2.

9. Id., ibid., I, 7, pp. 53-54; II, 11, p. 186; II, 9, p. 176; IX, 6, p. 332.

10. Os escritos de Frédéric Bastiat têm livre acesso na internet.

11. Sobre a doutrina e a pessoa de Ayn Rand, pode-se ler o capítulo "Prométhée, version ultralibérale" no livro de Flahault, op. cit., p. 183-236.

12. Id., ibid., p. 235.

13. F. A. Hayek, *La route de la servitude*. Paris: PUF, 1985, p. 148. [*O caminho da servidão*. Tradução de Anna Maria Capovilla, José Ítalo Stelle e Liane de Morais Ribeiro. São Paulo: Instituto Ludwig von Mises Brasil, 2010.

14. Id., ibid., p. 20.

15. Id., ibid., p. 32.

16. Id., ibid., p. 69.

17. F. A. Hayek, *Droit, législation et liberté.* Paris: PUF, 3 vol., 1980-1983, t. II, p. 135. [*Direito, legislação e liberdade.* Supervisão da trad. de Henry Maksoud. São Paulo: Visão, 1985, 3 vol.]

18. Benjamin Barber, "Patriotism, autonomy and subversion", *Salmagundi*, nº 170-1, 2011, p. 125.

19. François Flahault, op. cit., p. 247.

20. *Le Monde Diplomatique*, Paris, abr. 2010.

21. Edmund Burke, *Réflexions sur la révolution en France.* Paris: Hachette-Pluriel, 1989, pp. 10-1. [*Reflexões sobre a revolução em França.* Trad. de Renato de Assumpção Faria. Brasília: UnB, 1982.]

22. Montesquieu, *Lettres persanes*, carta 104. In: *Œuvres complètes*, op. cit. [*Cartas persas.* Trad. de Renato Janine Ribeiro. São Paulo: Nova Alexandria, 2005.]

23. H. D. Lacordaire, *La liberté de la parole évangélique.* Paris: Éditions du Cerf, 1996, pp. 342-3.

24. Cf. François Flahault, *Le paradoxe de Robinson.* Paris: Mille et Une Nuits, 2005.

25. Alain Supiot, *Homo juridicus.* Paris: Le Seuil, 2005, p. 8. [*Homo juridicus: ensaio sobre a função antropológica do direito.* Trad. de Maria Ermantina de Almeida Prado Galvão. São Paulo: WMF Martins Fontes, 2007.]

26. Pascal, *Pensées*, op. cit., Br. 479; Br. 471.

27. Jean-Jacques Rousseau, *Émile*, op. cit., IV. In: *Œuvres complètes*, t. IV, p. 503; *Dialogues*, II. In: *Œuvres complètes*, t. I, p. 810.

28. Montaigne, *Les Essais*, op. cit., I, 28.

29. Benjamin Constant, *De la liberté chez les modernes.* Paris: LGF, 1980, p. 506; *Œuvres.* Paris: Gallimard, 1979, p. 79. Coleção Pléiade.

30. Id., *De la religion.* Arles: Actes Sud, 1999, p. 83; *Filangieri*, p. 135; *Journal*, 26 abr. 1805. In: *Œuvres*, op. cit.

31. Id., "À Annette de Gérando", 5 jun. 1815. In: B. Constant e Mme. Récamier, *Lettres 1807-1830.* Paris: Champion, 1992.

5. OS EFEITOS DO NEOLIBERALISMO [pp. 116-52]

1. Alain Supiot, *Homo juridicus.* Paris: Le Seuil, 2005, p. 9. Sigo aqui a análise dele. [*Homo juridicus: ensaio sobre a função antropológica do direito.* Trad. de Maria Ermantina de Almeida Prado Galvão. São Paulo: WMF Martins Fontes, 2007.]

2. Bascha Mika, *Die Freiheit der Frauen*. Bertelsmann, 2011, apud *Books*, nº 22, 2011, p. 11.

3. Aqui, inspiro-me às vezes em alguns trabalhos de Jean-Pierre Le Goff. Cf., por exemplo, *La barbarie douce*. Paris: La Découverte, 2003.

4. Matthew Crawford, *Éloge du carburateur*. Paris: La Découverte, 2010, p. 56.

5. Alain Supiot, op. cit., pp. 255-6.

6. Id., ibid., p. 252.

7. Consagrei à análise deste "episódio" algumas páginas de meu livro *La peur des barbares*. Paris: Robert Laffont, 2008, pp. 201-23 [*O medo dos bárbaros: para além do choque das civilizações*. Trad. de Guilherme João de Freitas Teixeira. Rio de Janeiro: Vozes, 2010.]

8. Vassili Grossman, *Œuvres*. Paris: Robert Laffont, p. 1011.

9. Benjamin Constant, "Prefácio" a *Mélanges de littérature et politique* (1829). In: *De la liberté chez les modernes*, op. cit., p. 519.

6. POPULISMO E XENOFOBIA [pp. 153-88]

1. *Le Monde*, 20 nov. 2011.

2. Condorcet, *Cinq mémoires, sur l'instruction publique*. Paris: GF-Flammarion, 1994, p. 91. [*Cinco memórias sobre a instrução pública*. Trad. e apres. de Maria das Graças de Souza. São Paulo: Ed. Unesp, 2008.]

3. Analisei esse conceito mais detalhadamente em *La peur des barbares*, op. cit., pp.119-24.

4. *Le Monde*, 10 mai. 2011.

7. O FUTURO DA DEMOCRACIA [pp. 189-205]

1. Benjamin Constant, *Journal*, 2 mai. 1804. In: *Œuvres*, op. cit.

2. G. L. Mosse, *Toward the Final Solution. A history of European racism*. Nova York: Howard Fertig, 1978; Nova York: Harper & Row, 1980, pp. XIV-XV e 234.

3. Romain Gary, *Tulipe*. Paris: Gallimard, 1970, p. 85; *La bonne moitié*. Paris: Gallimard, 1979, p.141.

4. Cf. Nancy Huston, *Professeurs de désespoir*. Arles: Actes Sud, 2004, pp. 19-20.

5. François Flahault, *Le crépuscule de Prométhée*, op. cit., pp. 285-6.

Índice Onomástico

1ª EDIÇÃO [2012] 1 reimpressão

ESTA OBRA FOI COMPOSTA EM MINION PELO ESTÚDIO O.L.M./ FLAVIO PERALTA E IMPRESSA EM OFSETE PELA GEOGRÁFICA SOBRE PAPEL PÓLEN SOFT DA SUZANO PAPEL E CELULOSE PARA A EDITORA SCHWARCZ EM FEVEREIRO DE 2014